Schirner
Verlag

Awen Lucia

Nicht ohne meinen Körper

Erwachen im Hier und Jetzt

ISBN 978-3-8434-1158-5

Umschlag: Murat Karaçay, Schirner,
unter Verwendung von #130218290
(© Maridav), #125389457 (© tschitscherin),
www.shutterstock.com
Satz: Simone Leikauf, Schirner,
unter Verwendung von Bildern von
www.shutterstock.com (siehe Bildnachweis)
Redaktion: Claudia Simon, Schirner
Printed by: ren medien, Filderstadt, Germany

www.schirner.com

1. Ausgabe Juli 2014

Inhalt

Einleitung

Von Kindesbeinen an bin ich auf der Suche nach Wahrheit, Sinn und der Essenz. Warum sind wir hier? Dese Frage ließ mir keine Ruhe. Das Erwachen ist ein Prozess, den ich seit meiner Kindheit sehr bewusst erlebe, und die Reise ist für mich noch nicht zu Ende. Mein Weg hat mich bis heute zu unzähligen Kursen, Büchern, Ausbildungen und vor allem zum intensiven Studium des Lebens selbst geführt. Nun schreibe ich Bücher, gebe Seminare und habe schon sehr viele Klienten in schwierigen Lebenssituationen begleitet. Herausforderungen im Leben sind oft Weckrufe unserer Seele. Unsere Seele fördert das Erwachen, die Heimkehr zu Gott, zur Urkraft, ins Licht, und schickt uns Wachstumsimpulse in Form von Schwierigkeiten, die wir überwinden dürfen. Auf der Reise in die umfassende Bewusstwerdung werden wir immer wieder mit den gleichen Themen und Fragestellungen konfrontiert, die in diesem Buch aufgegriffen werden.

Was ist Erwachen eigentlich? Es ist ein Erleben von Frieden und Einheit mit allem Sein, sowohl der manifesten Materie als auch dem formlosen Sein, aus dem alle Schöpfung hervorgeht. Wir können es uns so vorstellen: Das ganze Leben hier auf der Erde gleicht einem großen Spiel. Ich nenne es gerne »das Spiel des Lebens«, in der indischen Philosophie nennt man es »Lila«, das göttliche Spiel. Wie wir im Laufe des Buches immer wieder sehen werden, erscheint uns das Spiel äußerst real und wahr, dennoch lässt es sich am besten mit einem Traum verglei- chen. Solange man träumt, fühlt sich alles sehr wirklich an, und erst nach dem Erwachen stellt man fest, dass es nur ein Traum war. So ist es auch mit dem göttlichen Spiel: Solange wir nicht erwacht sind, erscheint uns alles sehr wirklich und greifbar. Im Zustand der Erleuchtung jedoch erkennen wir unser wahres Selbst, das immer schon da war, von dem wir niemals getrennt waren, welches aber weder Form noch Individualität besitzt. Begleitet wird dieses Erkennen von einer intensiven, bedingungslosen Liebe zu allem, was ist.

Meinen Recherchen zufolge gibt es bislang nur wenige Menschen, die dauerhaft und vollständig erwacht sind. Dazu kommt, dass erwachte Menschen oft gar kein Inte- resse daran haben, sich der Welt zu präsentieren. Sie ste- hen so gut wie nie auf den großen Weltbühnen (Mahatma Gandhi und der Dalai Lama mögen da Ausnahmen sein). Dennoch sind wir alle auf dem Weg dahin, unsere Gött- lichkeit mehr und mehr zu erkennen, und viele spirituell Suchende erhalten immer wieder Einblicke in das reine Sein.

Einige wenige Menschen erleben das Erwachen als plötz- lich einsetzenden Zustand. Für die meisten Menschen ist es jedoch ein Prozess, der sich schrittweise vollzieht. Es geht darum, sich seiner selbst, der Natur der Dinge und des Göttlichen bewusst zu werden. Es heißt, dass ein Großteil der Menschheit noch »schläft« und unbewusst ist. Mein Wunsch ist es, das Erwachen zu unterstützen

und einen Beitrag zum Wohl des großen Ganzen zu leisten. Erkenne dich selbst, erkenne Gott, so lautet unser Auftrag.

Ich bin immer wieder erstaunt, wie viele Menschen erwarten, dass ihr Leben sich verbessere, ohne dass sie etwas an ihrem Verhalten und ihrer Geisteshaltung ändern. Die Beharrungskräfte sind sehr groß, und es kostet natürlich Anstrengung, sich zu wandeln. Allerdings hat sich in den letzten Jahren die Energie auf der Erde immens erhöht, das neue Zeitalter ist angebrochen, und so wird uns die Veränderung auch wieder leichter gemacht, weil wir quasi mit »Rückenwind« unterwegs sind. Dieser Rückenwind kommt daher, dass sich die Schwingung der Erde und aller Lebewesen erhöht hat. Das hat zur Folge, dass uns die Zusammenhänge in der Schöpfung schneller bewusst werden und die Wahrheit, die verschleiert war, immer mehr sichtbar wird. Wenn wir nun den Rückenwind nutzen und dienliche Verhaltensweisen in unsere täglichen Abläufe einbauen, dann ist das Erwachen leicht. Wir schaffen so neue Rituale, die unserer Entwicklung Vorschub leisten.

In diesem Buch möchte ich das Wesentliche in kompakter Form vermitteln. Mir ist bewusst, dass wir heute Zugang zu allem Wissen haben. Jetzt ist die Zeit dafür gekommen, das Wissen im Alltag anzuwenden, damit es zu gelebter Weisheit wird, denn sonst bliebe es sinnlos.

Der Weg ins Erwachen ist mit vielen Paradoxen gepflastert. Ich glaube, dass das für den Suchenden eine große Herausforderung darstellt. Doch genau in den Paradoxen liegt die Wahrheit verborgen. Im Verlauf des Buches werden wir immer wieder auf paradoxe Aussagen stoßen und darüber hinausgehen, die Sicht erweitern, das Bewusstsein ausdehnen über die Gegensätze in die Einheit hinein. Wenn du also an verschiedenen Stellen des Buches Aussagen entdeckst, die sich zu widersprechen scheinen, so ist es am einfachsten, dies als gegeben in unserer dualen Welt hinzunehmen. Du wirst fühlen oder sehen, dass sich die Wahrheit auch durch die scheinbaren Widersprüche wie ein roter Faden hindurchzieht.

Nicht ohne deinen Körper!

Unsere Seele hat sich für diese irdische Erfahrung in einem physischen Körper aus Fleisch und Blut inkarniert. Die Materie ist die dichteste Form, in der sich die göttliche Urkraft zeigen kann. Wir kennen den Ausdruck »Der Körper ist der Tempel der Seele«. In meiner Arbeit vor allem mit Klientinnen habe ich festgestellt, dass der Körper viel häufiger abgelehnt, als dass er als Tempel der Seele gesehen wird. Die Identifizierung mit Schönheitsidealen, die willkürlich »erfunden« werden, ist leider sehr verbreitet. Die Medien, die Schönheitsindustrie und die Möglichkeiten der Bildbearbeitung heutzutage tragen das Ihrige dazu bei. Immer mehr Frauen, aber auch Männer sind verzweifelt und in großer Disharmonie mit ihrem göttlichen, irdischen Tempel. Diese durch die Ablehnung des eigenen Körpers entstandene Disharmonie stellt eine Blockade auf dem Weg des Erwachens dar.

Warum ist das so?

Wenn wir unseren Körper ablehnen, dann schneiden wir uns automatisch auch von der Lebenskraft ab, die ihn belebt. Die Lebenskraft ist wiederum Ausdruck der göttlichen Kraft, also trennen wir uns vom Göttlichen ab, wenn wir den Körper zurückweisen. Das Leben hier auf der Erde findet ausschließlich in einem physischen Körper statt – so sind die »Spielregeln«, und Gott wird sich etwas dabei gedacht haben. Wenn sich die Lebenskraft ganz zurückzieht, tritt der physische Tod ein.

Leider wird der Körper viel zu oft nur nach dem Aussehen bewertet. Dabei übersehen wir, welches Wunderwerk er ist! Die göttliche Urkraft selbst hat dieses Meisterwerk erschaffen, das von einer unglaublichen Intelligenz durchwoben ist. Es ist die gleiche Kraft, die Universen entstehen lässt, Planeten in ihrer Bahn hält und neben dem menschlichen Körper auch alle weitere Materie erschaffen hat. Es steckt ein göttlicher Plan dahinter, dass nicht alle Körper gleich geformt sind, nicht einer Norm entsprechen. Warum zweifeln wir Gottes Meisterleistung an, beurteilen und verurteilen, was er erschaffen hat? JEDER Körper ist göttlich und genau richtig, so, wie er ist, egal ob dick, dünn, schmal, fest, stämmig etc. Auch jeder Hintern, jeder Oberschenkel ist genau richtig, so, wie er ist, egal, was das gängige westliche Schönheitsideal auch Gegenteiliges weismachen will.

Stehe auf, und befreie dich aus dem Klammergriff der Vorstellung vom »perfekten« Körper! Du schneidest dich sonst von der Lebenskraft selbst ab, denn die abgelehnten Körperteile können als Folge nur weniger Prana/Qi/Lebenskraft aufnehmen. Hellsichtige Menschen nehmen an diesen Stellen des Körpers dann dunkle Flecken oder gar dunkle Energieklumpen wahr, die durch all den Hass dem eigenen Körper gegenüber gebildet werden. Um dich von dieser Tyrannei zu befreien, braucht es im ersten Schritt nur eine Entscheidung, ein Wollen.

- **Schritt eins:** Entscheide dich, dich der Tyrannei des Körperkultes völlig zu entziehen! Nimm die Göttlichkeit deines Tempels bedingungslos an!

Im zweiten Schritt brauchst du nichts weiter zu tun, als die ungeliebten Körperstellen mit liebevoller Aufmerksamkeit zu betrachten, sie liebevoll zu berühren und dir vorzustellen, dass göttliche Liebe in sie hineinströmt.

- **Schritt zwei:** Konzentriere dich auf ungeliebte Körperstellen, und schaue sie mit Liebe an, nimm sie an, lobe sie, streichle sie, und versichere ihnen, dass sie vollkommen in Ordnung sind, so, wie sie sind.

Ich höre deinen Einwand:»Ja toll, ich habe 25 Kilo Übergewicht, fühle mich wirklich hässlich, und du sagst mir jetzt allen Ernstes, dass es mich glücklich machen wird, wenn ich mir ein wenig den Hintern tätschele?« Dazu möchte ich dir liebevoll sagen: Schon viel zu lange quälst du dich selbst und vergiftest dich mit deinem Selbsthass. Nur DU alleine kannst dieses Verhalten stoppen. Es liegt in deiner Hand. Und ja, es braucht dazu nur eine Entscheidung. Wenn du die eben genannte einfache Übung ernst nimmst und sie mit offenem Geist ausführst, erreichst du dein Ziel: Du kommst bei dir selbst an. Es gibt keinen anderen Weg. Du versuchst, zu entkommen, indem du denkst:»Wenn ich 20 Kilo weniger wiegen würde, DANN würde ich mich lieben.« Aber du belügst dich nur selbst. Du bist gefangen in deinem selbst errichteten Gefängnis aus Urteilen. Befreie dich endlich, indem du die göttliche Liebe eintreten lässt und deine ungeliebten Körperteile annimmst, so, wie sie genau jetzt sind.

Mithilfe der Übung nimmst du deinen Körper wieder mehr und mehr in Besitz. Wenn die Lebenskraft in einem

Körperbereich nicht frei fließt, fehlt dort auch Bewusstsein. Dieser Bereich wird mehr oder weniger taub. Ohne Bewusstsein ist kein Erwachen möglich, da es quasi die Essenz des Erwachens bildet.

Merke:
Ohne Bewusstsein gibt
es kein Erwachen!

Das gleiche Prinzip wird uns später auch noch einmal begegnen: Wenn wir ungeliebte Eigenschaften ablehnen, sie unterdrücken, können wir nicht zur Bewusstwerdung gelangen. Das Ziel besteht also darin, GANZ in den Körper einzutreten, ihn mit Bewusstheit zu erfüllen, sich des Körpers gewahr zu sein. Mit dem Eintreten ist gemeint, dass die Seele, unsere göttliche Essenz, sich vollkommen auf den irdischen Tempel einlässt, sich im ganzen Körper ausdehnt. Nur wenn wir ganz anwesend sind, sind wir bewusst. Der irdischen Erfahrung auszuweichen, ihr zu entfliehen, ist keine Lösung und führt nicht in die Freiheit, sondern nur in die Verdrängung.

Den Körper annehmen – ganz konkret

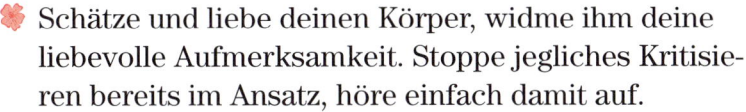

Schätze und liebe deinen Körper, widme ihm deine liebevolle Aufmerksamkeit. Stoppe jegliches Kritisieren bereits im Ansatz, höre einfach damit auf.

Sorge gut für ihn, und gib ihm, was er verlangt. Jeder Körper ist unterschiedlich: Der eine braucht viel Schlaf, der andere weniger, einer hat das Bedürfnis nach viel Bewegung, ein anderer braucht nicht so viel. Höre auf deinen Körper, er sagt dir genau, was er für sein Wohlbefinden benötigt.

Gewöhne dir an, jedes Mal, wenn du in den Spiegel blickst, laut auszusprechen: »Was für ein schöner Tempel. Danke, Schöpfer, für dieses Geschenk.«

Höre auf, anderen gegenüber abwertend zu sprechen, sowohl über deinen eigenen als auch über die Körper der anderen. Wenn du jemanden erblickst und dein erster Impuls ist »Oh Gott, wie sieht der denn aus«, dann blockiere diesen Impuls sofort, und sage oder denke: »Was für ein schöner Tempel! Danke, Schöpfer.«

Trinke viel reines Wasser, mindestens zwei Liter pro Tag.

Achte auf den Säure-Basen-Haushalt. Das ist sehr wichtig und wird oft unterschätzt. Ernähre dich basisch, und nimm, wenn nötig, zusätzlich Basenpulver ein. Zu dem Thema gibt es viele Informationen in Büchern und im Internet.

❀ Koche mit Liebe, und nimm deine Mahlzeiten in einer Haltung von Ruhe, Liebe und Dankbarkeit ein.

❀ Sei dir immer bewusst, dass dein Körper der Tempel deiner Seele ist!

❀ Praktiziere Yoga, Tai Chi oder Qigong. Diese alten Traditionen beinhalten tiefste Weisheit und wertvolles Wissen um den Zusammenhang von Körper, Seele und Geist. Das kann eine Fitnessmethode der Neuzeit leider nicht bieten. Natürlich können die modernen Methoden gerne zusätzlich geübt werden, wenn dein Körper mehr Bewegung und Anregung braucht. Sie können jedoch nie diese alten, fundierten und ganzheitlichen Systeme ersetzen, durch die der Energiefluss in den Meridianen positiv beeinflusst werden kann. Mache eine oder mehrere dieser alten Traditionen zu einem festen Bestandteil deines Alltags.

❀ Spüre deinen Körper von innen. Nimm das Energiefeld deines Körpers wahr, oft hilft dabei die Vorstellung, dass dieses sich im Inneren deines physischen Leibes befindet. Dieses Energiefeld vibriert, pulsiert, es ist lebendig.

Als Folge dieser neuen Wertschätzung wirst du deinen Körper viel bewusster wahrnehmen. Deine Zellen beginnen, wieder in Harmonie mit dem Schöpfer zu schwingen. Sogar Krankheiten heilen manchmal einfach durch Wertschätzung, die innig zum Ausdruck gebracht wird. Beginne gleich heute damit!

Spielt die Ernährung eine Rolle beim Erwachen?

Alles rund um die Ernährung hat mich schon als Jugendliche fasziniert. Ich wollte wissen, wie ich mich am gesündesten ernähren kann. Im Laufe von etwa 30 Jahren habe ich alle möglichen Ernährungsformen ausprobiert. In der 6. Klasse hatte ich ein Buch mit dem Titel »Die Bikini Diät« bekommen. Zwei Freundinnen hatten es auch, und unser Plan war es, eine stark übergewichtige Klassenkameradin darin zu unterstützen, sich von ihrer körperlichen Last zu befreien. Natürlich schlug der Plan schon im Ansatz fehl, aber ich selbst war begeistert von den Tipps und begann zu experimentieren: Karotten anstatt Brötchen in der Pause etc. Ich fand es spannend, zu beobachten, wie ich mich, je nachdem, was ich aß, fühlte.

Meine Entdeckungsreise durch die Welt der Ernährung führte mich von den Karotten weiter zu »Fit for Life«, über Trennkost zum Vegetarismus hin zur Rohkost, dann zur veganen Ernährung und zu anderen Ernährungsempfehlungen. Die »Erleuchtung«, was Ernährung anbelangt, hatte ich erst 2012, als ich durch Zufall feststellte, dass ich an einer Fructose-Unverträglichkeit litt. Zu dieser Zeit ernährte ich mich komplett vegan. Es war ein Schock für mich. Sollte das wohl wieder einmal ein kosmischer Witz sein? Mit einem Schlag war ein Großteil der sehr gesunden Sachen von meinem Essensplan gestrichen: Kein Obst, keine grünen Smoothies, kein Vollkorn, und auch beim Gemüse gab es entscheidende Einschränkungen. Na toll, was für ein Geschenk des Himmels sollte das denn sein?! Ich zweifelte zuerst an mir selbst. Hatte ich etwas falsch gemacht? Ich erinnere mich, dass ich mich sogar einmal als echte Versagerin fühlte, weil ich die gesunden Sachen nicht mehr essen konnte. Mein Körper zwang mich in die Knie. Hatte ich nicht in meinem Buch »Der himmlische Code zur Lebens~Erfüllung« noch postuliert, was die beste Ernährung ist?

Und das war noch nicht alles: Bei einer veganen Ernährung wird es ohne Obst und mit nur wenigen Gemüsesorten bereits eng, als ich auch noch erkenne musste, dass ich Soja nicht gut vertrug, kehrte ich zähneknirschend zur vegetarischen Ernährung zurück. Mir lag und liegt das Wohl aller Tiere unglaublich am Herzen, und es ist für mich ganz klar ersichtlich, dass auch der Konsum von Milchprodukten und Eiern zum Leid der Tiere beiträgt. Dennoch musste ich also meine zu 100 Prozent vegane Ernährung aufgeben und spürte, wie mein Körper aufatmete. Tatsächlich fühlte ich mich ab dem Zeitpunkt deutlich wohler, als ich begann, mich anstatt strikt vegan zu einem kleinen Anteil vegetarisch zu ernähren.

Willkommen in der göttlichen Ordnung! Du hast einen Plan, aber die Urkraft weiß es besser. Worin bestand die Erkenntnis für mich? Ich hatte mir zu viel Druck beim The-

ma Ernährung gemacht und unbewusst geglaubt, mit der richtigen Ernährung Einfluss auf meine spirituelle Entwicklung ausüben zu können. Oder anders ausgedrückt: Ich wollte einfach alles richtig machen. Das allerdings ist so gut wie unmöglich, denn im Bereich der Ernährungslehren gibt es viele Widersprüche. Viele Empfehlungen des Ayurveda-Systems, welches ich sehr schätze, widersprechen grundlegend den Regeln der Ernährung in der TCM (Traditionellen chinesischen Medizin). Und so ist es auch bei anderen Ernährungsformen. Eine Zeit lang habe ich ausschließlich Rohkost gegessen, nachdem ich von Freunden aus den USA von der RawFood-Bewegung gehört hatte, die die BESTE aller Ernährungsformen sein sollte. Ich war glücklich, weil ich dachte, dass ich endlich angekommen sei und nun alles, was Ernährung anbelangte, richtig machen könne. Die Argumente für Rohkost waren völlig einleuchtend. Fakt war aber, dass sie meinem Körper nicht so guttat. Von TCM- und Ayurveda-Praktikern erhält man in Bezug auf Rohkost keine Zustimmung, sondern sie wird im Gegenteil als schädlich angesehen. Wer hat nun recht? Als ich wegen der Fructose-Unverträglichkeit zum Heilpraktiker ging, drückte er es so aus: »Ihr Körper führt Krieg, Krieg gegen die Nahrungsmittel, die sie essen.« Diese Aussage traf mich bis ins Mark. Krieg in meinem Körper? Wie konnte das möglich sein, wo ich doch wirklich nach Frieden suchte, eben aus diesem Grund auch keine Tiere aß und auch in meinem Geist im Frieden sein wollte?

Das Geschenk der Fructose-Unverträglichkeit war, dass ich endlich erkennen durfte, dass es nichts »richtig« zu machen gab. All die Regeln, Dogmen und Vorschriften können uns zur Orientierung hilfreich sein, aber im Grunde dürfen wir uns nach und nach von ihnen frei machen. Wir dürfen uns entspannen und loslassen und dann, nachdem wir alle diese Regeln losgelassen haben, in uns hineinhorchen und spüren, was unser Körper wirklich verlangt. Es geht darum, alle Urteile darüber, was gut und was schlecht ist, hinter sich zu lassen. Nahrung soll uns auf allen Ebenen nähren und nicht innere Spannung erzeugen. Einmal habe ich gelesen, dass viele Menschen alleine dadurch, dass sie sich beim Essen entspannen und das Thema Ernährung allgemein entspannt angehen, abnehmen können. Ich kann mir das gut vorstellen.

Die Frage war nun, ob Ernährung eine Rolle beim Erwachen spielt. Ich durfte im Laufe der Zeit immer wieder erkennen, dass wir uns uns selbst und unseren Mitmenschen gegenüber von Dogmatismus und Verurteilung freimachen sollten. Man kann häufig beobachten, dass Menschen, die sich mit dem Erwachen beschäftigen, auf Fleisch, Alkohol, Milchprodukte etc. verzichten und sich mehr basisch und vegetarisch ernähren (Gemüse, Obst, Samen, bestimmte Getreide, …). Was Fleisch und andere tierische Produkten betrifft, müssen wir uns natürlich sehr ernsten ethischen Fragen stellen. Wer sich wirklich mit der Tierhaltung und -tötung beschäftigt, wer wirklich genau hinschaut, der wird sich schwertun, weiterhin tierische Produkte zu verzehren. Tiere haben eine Seele und dürfen auf keinen Fall gequält werden. Ich empfehle dazu das Buch »Peace Food« von Ruediger Dahlke. Er hat sich ausführlich und fundiert mit dem Thema auseinandergesetzt, um mehr Bewusstheit in diesen Bereich zu bringen.

Dabei ist jeder Schritt, der in Richtung vegetarisch oder vegan führt, aus meiner Sicht richtig.

Alle tierischen Produkte lassen sich heutzutage durch wohlschmeckende pflanzliche Alternativen ersetzen. In den letzten Jahren hat sich in diesem Bereich unglaublich viel getan. Viele Friedensführer, wie zum Beispiel auch Mahatma Gandhi, betonen, dass erst dann Frieden auf der Welt herrschen wird, wenn auch die Tiere nicht mehr von den Menschen gequält und verzehrt werden. Wenn jeder von uns einen kleinen Beitrag dazu leistet, können wir Großes bewirken!

An dieser Stelle möchte ich auch kurz etwas zu Drogen sagen. Meinen Recherchen zufolge raten alle Religionen und auch die Meister/Gurus, von denen ich gelesen habe, vom Konsum von Drogen ab. Die Bewusstseinserweiterung, die durch Drogen erzielt wird, bleibt künstlich. Auch wenn viele Menschen auf dem spirituellen Weg Drogen einsetzen, heißt das noch nicht, dass diese wirklich zur Erleuchtung führen. Die vollständige Befreiung, so, wie ich sie verstehe, geschieht völlig unabhängig von jeglichen Substanzen, Einflüssen, Praktiken etc. und kommt nur aus der Verbindung mit der göttlichen Quelle im Inneren zustande.

Zusammenfassend lässt sich Folgendes sagen: Das, was wir essen, hat natürlich Auswirkungen auf Körper, Seele und Geist und demnach auch auf unser Erwachen, es wird jedoch immer wieder überwertet. Viel wichtiger ist, dass wir uns keinen Druck machen und nichts erzwingen wollen, sondern uns von der eigenen Körperintelligenz leiten lassen. In einer Haltung von Dankbarkeit zu kochen und zu essen und die Nahrung zu segnen, ist aus meiner Sicht viel wertvoller, als die »richtigen« Nahrungsmittel zu sich zu nehmen.

Es gibt noch etwas äußerst Wichtiges, was der Verbindung zwischen Körper und Seele signifikant im Weg stehen kann: frühere Traumata. Wenn wir ein Trauma erleben, dann trennt sich ein Stück des Körper- und Seelenbewusstseins, das in dieses Geschehen involviert ist, ab. Das ist ein wichtiger Schutzmechanismus von Körper und Seele, weil wir dann nicht das ganze Ausmaß fühlen und direkt spüren. Betroffene beschreiben es oft so, als wären sie Beobachter, stünden außerhalb ihres Körpers und schauten nur auf die Szene. Als Folge davon bleibt in dem betroffenen Körperbereich oft eine Art Taubheit zurück. Bei schweren Traumata kann es sogar so weit kommen, dass die Betroffenen ihren Körper für lange Zeit gar nicht mehr spüren können. Damit fehlt ihnen auch ein Teil ihrer Lebendigkeit, sie fühlen sich taub, leblos, ohne Lebensfreude.

Traumata werden in Zusammenhang gebracht mit körperlicher und seelischer Gewalt, Missbrauch jeder Art, Verletzungen, Unfällen, Operationen, Verlusten, Vernachlässigung, Demütigung etc. Sie können in diesem Leben entstanden oder auch schon aus früheren Leben mitgebracht worden sein. Immer stellen ungelöste Traumata Blockaden auf dem Weg zum Erwachen dar, ob es uns bewusst ist oder nicht.

Wenn du dies liest und vermutest, bei dir könnte ein altes Trauma vorliegen, so ist der Weg zur Heilung wie folgt:

- Trauma-Therapie: Stelle dich deinem Trauma mit der professionellen Hilfe eines Psychologen, eines Heilpraktikern oder eines erfahrenen geistigen Heilers. Es gibt hier, dem Himmel sei Dank, sehr viele verschiedene therapeutische Methoden und Ansätze, die dir Hilfe und Heilung bieten können. Lasse dich zu dem für dich passenden Therapeuten führen, und frage nach, ob die Person Erfahrung mit Trauma-Heilung hat. Hier ist es wichtig, eine echte Vertrauensbasis zu spüren.

- Wenn das Trauma aufgelöst ist, können Seelenanteile wieder integriert werden. Seelenanteile entsprechen dem oben beschriebenen Körper-und Seelenbewusstsein, das sich bei dem Ereignis abgespalten hat. Nun wird die Seelenkraft zurückgeholt und wieder integriert. Dadurch werden wir wieder ganz.

Oft, aber nicht immer, ist dann auch noch der oben beschriebene Prozess nötig, die Körperteile wieder in Liebe anzunehmen. Das hängt davon ab, was genau bei dem traumatischen Erlebnis passiert ist und ob wir dadurch den betroffenen Körperteil als Folge auch ablehnen.

Du bist schon länger auf der Suche? Dann wirst du jetzt vielleicht einwenden, dass dir gesagt wurde, der Körper müsse überwunden und die Verhaftung an ihn gelöst werden.

Paradox: Nimm deinen Körper an, lasse dich ganz auf ihn ein. Identifiziere dich andererseits nicht mit ihm.

Du fragst dich sicher, wie das möglich sein soll. Nun, jeder von uns ist göttliches Bewusstsein, das sich im Moment in einem irdischen Körper verdichtet hat, um diese »leibhafte« Erfahrung zu machen. Wir sind aber nicht der Körper! Bei unserem Tod trennen wir uns wieder von ihm. Warum sollte es also nötig sein, sich auf den Körper einzulassen, wenn wir uns eh wieder von ihm lösen werden? Warum nicht besser gleich der Erdschwere entfliehen und in die himmlischen Gefilde einkehren, wo unsere wahre Heimat ist?

Erwachen heißt, zu vollem Bewusstsein zu kommen. Dieses Bewusstsein umfasst Körper, Seele und Geist, nichts kann ausgeklammert werden. Und das heißt eben auch, sich des Körpers voll bewusst zu sein, ihn wahrzunehmen, zu spüren, wie ihn die Lebenskraft durchströmt, und dann quasi über ihn »hinauszuwachsen«. Dazu ist das vollständige Bewusstsein über den physischen Leib nötig.

Unser Körper ist wie ein Gefährt, ähnlich einem Auto, das wir benutzen. Genauso wie ein Auto uns dazu dient, von einem Ort zum anderen zu gelangen, ist der Körper unser Diener auf der Reise ins Erwachen. Wenn wir ihn lieben, pflegen und wertschätzen, ermöglicht er uns immer tiefere spirituelle Erfahrungen, die wir ja im Körper erleben. Nach und nach weitet sich das Bewusstsein aus, es dehnt sich dann weit über den Körper hinaus aus, dennoch bleibt der Körper vorerst unser Ankerpunkt, zumindest solange wir hier leben.

Der Körper ist auch deshalb wichtig, weil er uns auf noch bestehende Blockaden äußerst effektiv hinweisen kann. Wenn wir in ihn hineinspüren und -horchen, können wir wahrnehmen, wo die Energie noch nicht frei fließt, wo es Stauungen gibt. Alle im Körper wahrnehmbaren Blockaden haben geistige und emotionale Ursachen. So zeigt uns der Körper liebevoll, wo es noch hakt und worauf wir die Aufmerksamkeit richten sollen.

Emotionale und geistige Blockaden über den Körper entdecken

❀ Setze oder lege dich ganz ruhig hin.

❀ Spüre und lausche in dich hinein.

❀ Verbinde dich mit der unglaublichen Intelligenz deines Körpers, die Teil der göttlichen Urkraft ist. Diese Intelligenz kennt alle Antworten, sie weiß alles über dich, deine Glaubenssätze und die Erfahrungen, die du gemacht hast und die noch gespeichert sind.

❀ Wo in oder an deinem Körper macht sich genau jetzt eine Stelle bemerkbar, vielleicht durch Druck, Schmerz, Kribbeln, Unwohlsein, Wärme, Kälte oder einer anderen Empfindung?

❀ Richte deine ganze Aufmerksamkeit nun auf diese Körperstelle. Gehe ganz hinein in diese Empfindung, nimm sie wahr, und stelle dann innerlich die Frage, was genau dort gespeichert ist – welche Erfahrung, welche Emotion, welcher Glaubenssatz. Dein Körper weiß alles, frage ihn einfach, und erwarte die Antwort. Manchmal brauchst du ein wenig Geduld, dennoch wird er dir erstaunliche Informationen liefern, wenn du ihm die Chance dazu gibst.

❀ Wenn du eine Information erhalten hast, kannst du einfach um Heilung oder Erlösung bitten. Bitte einfach die göttliche Gnade, diese Blockade aufzulösen. Du kannst dir dazu jede erdenkliche Hilfe zur Seite holen, zum Beispiel je nach Thema die verschiedenen Elohim, die dem Bereich zugeordnet sind (Siehe dazu auch mein Buch »Die Elohim – Engel ohne Grenzen«), oder Erzengel, die dafür zuständig sind. Oder du visualisierst einfach den silbernen Strahl der Gnade, wie er die Emotion oder den Glaubenssatz löst. Dann wird sich auch die Empfindung an der Körperstelle verändern: Der Schmerz, der Druck oder die Spannung lässt nach, es wird warm oder einfach angenehm. Du kannst die Auflösung also direkt im Körper spüren.

❀ Wisse, sobald du eine Blockade erkannt hast, hast du bereits einen ganz wichtigen Schritt getan, denn du bist jetzt nicht mehr unbewusst. Sollte die Bitte um Heilung an der Stelle auch nach länger Zeit keine Veränderung bzw. Lösung bringen, dann wende dich damit an einen erfahrenen Freund, Heiler oder Therapeuten. Lasse dir helfen, denn auch das ist ein Zeichen von Bewusstheit!

Wir lieben und achten also unser irdisches Gefährt und sind uns dennoch dessen bewusst, dass wir nicht der Körper sind. Wir lösen die Identifikation mit ihm auf. So, wie wir uns nicht persönlich mit unserem Auto identifizieren (da gibt es gewiss auch Ausnahmen), sind wir auch nicht unser Körper, sondern nutzen ihn gerne als »Gebrauchsgegenstand« auf unserer Reise durch die Welt.

Es gilt, unsere wahre Natur zu entdecken, unser wahres, unsterbliches Sein zu erkennen und zu SEIN. Der Körper ist, wie alle Materie, vergänglich. Alles, was vergänglich ist, entspricht nicht der wahren, letzten Natur des Göttlichen. Es ist ein Abbild, eine Illusion. Das heißt, es ist auch nicht getrennt vom Göttlichen, bleibt aber eine vorübergehende Erscheinung der Essenz, des Urstoffes und entspricht nicht der letzten Wahrheit.

Wirklich da sein – im Hier und Jetzt

Spätestens seit Eckhard Tolles Bestseller »Jetzt! Die Kraft der Gegenwart« wissen wir, dass wir im Hier und Jetzt sein sollten. Vielleicht hast du auch schon die Erfahrung gemacht, dass das aber nicht immer leichtfällt. Woran liegt das? Es hängt alles mit der Bewusstheit zusammen. Unbewusstheit und Automatismus sind das Gegenteil von Präsenz und Achtsamkeit.

Bewusstheit ist dort, wo eine Wahrnehmung stattfindet. Wie bereits erklärt: Ich bin mir meines Körpers bewusst, wenn ich ihn wahrnehme. Genauso funktioniert es auch mit dem Denken. So erlange ich Bewusstheit, wenn ich mir mehr und mehr der Gedanken bewusst werde, anstatt »gedacht zu werden«, sprich meinen Gedanken ausgeliefert zu sein. Kennst du das, wenn Gedanken dich in Besitz nehmen? In vielen spirituellen Traditionen ist die Gedankenkontrolle und -beobachtung ein wesentlicher Schritt auf dem Pfad der Erleuchtung. Gedanken bringen uns in die Vergangenheit oder Zukunft, nie aber in die Wahrnehmung des Hier und Jetzt, denn diese Erfahrung ist unmittelbar und jenseits von Gedanken. Wahrnehmung geschieht wertungsfrei, sie gleicht einem Beobachten. Wenn du anfängst zu üben, sind Empfindungen in Körper, Seele und Geist zu spüren. Mit Empfindungen sind keine Gefühle wie Trauer, Wut, Freude, Hass etc. gemeint, sondern quasi neutrale Wahrnehmungen wie zum Beispiel Kribbeln, Wärme, Kälte, Ruhe, Druck etc. ohne jede Interpretation. Im Laufe der Zeit verändert sich die Wahrnehmung, und wir tauchen mehr und mehr ein in das reine Sein, das keine Worte hat, keine Empfindungen, das einfach nur IST.

Unbewusstheit ist vergleichbar mit automatisierten Abläufen. Wie ein Film, der sich einfach abspult, ohne dass man eingreifen kann.

Raus aus der Unbewusstheit – ganz konkret

🌸 Triff als Erstes die Entscheidung, ab sofort bewusster zu sein, selbst wenn du noch nicht weißt, wie das funktionieren soll. Entscheidungen, die mit Inbrunst und Herzenergie getroffen werden, wirken Wunder und setzen Energie frei. Wir erklären dem Universum unsere Absicht, und es unterstützt uns bei der Verwirklichung.

🌸 Gewöhne dir an, dich liebevoll zu beobachten: Was tue ich gerade? Was denke ich jetzt? Was genau sage ich? Wie fühle ich mich? Wie wirkt mein Umfeld auf mich? Was nehme ich wahr? Etc. Mache dazu immer wieder kleine Beobachtungspausen, in denen du kurz innehältst und reflektierst, ohne zu bewerten.

✿ Du kannst auch liebevolle, unterstützende Menschen bitten, dir Feedback darüber zu geben, wie du wirkst. Sicher kennst du das Phänomen, dass man die Muster anderer viel leichter wahrnehmen kann als die eigenen.

✿ Wir haben alle Verhaltens- und Denkmuster, die automatisch ablaufen. Je besser wir diese Muster erkennen, desto leichter können wir sie überwinden. Das Entlarven eines Musters ist ein weiterer wunderbarer Schritt aus der Unbewusstheit heraus.

✿ Lege dir ein Bewusstseins-Tagebuch an, und reflektiere jeden Abend den vergangenen Tag: Was hast du heute getan? Wie bewusst warst du? Bist du deinen Zielen gefolgt? Wie war dein Umgang mit anderen? Was ist gut gelaufen? Was kann noch besser werden? Etc. Mit etwas Übung und ein wenig Geduld hilft dir dieses Tagebuch ganz sicher, zu mehr Bewusstheit zu gelangen.

✿ Übe, aufmerksam und offen zu sein. Handle mit Bedacht.

✿ Setze dich ruhig hin, atme tief, und sprich: »Es ist meine Absicht, gegenwärtig und präsent in meinem Energiefeld zu sein und zu bleiben.« Du kannst dir diese Absicht im Laufe des Tages immer wieder ins Bewusstsein rufen.

Was uns auch davon abhält, im jetzigen Moment zu sein, ist das Konzept der Zeit. Zeit ist eine Illusion, denn alles, was wirklich existiert, ist der jetzige Moment. Wir sind Sklaven der Zeit geworden, sie diktiert unser Leben, weil wir es erlauben. Ständig sind wir in Zeitnot und fühlen uns gehetzt, dabei ist Zeit nur ein Glaubenskonzept, dem sich die Gattung Mensch unterworfen hat.

Natürlich stellt es eine große Herausforderung für den Wahrheitssuchenden dar, wenn er das Zeitkonzept wirklich infrage stellt. Gerade sagte eine Klientin zu mir: »Ja, du magst recht haben, aber bitte sag mir, wie ich einen Alltag ohne Zeit leben soll! Ich muss mich an Termine halten, auf der Arbeit und daheim. Ich kann mich nicht in geistige Höhen aufschwingen, sondern muss den von meinem Chef vorgegebenen Abgabetermin einhalten, die Kinder abholen und um 15 Uhr beim Arzt sein.«

Das Zeitkonzept über Bord werfen – ganz konkret

🌸 Auch wenn du noch nicht weißt, wie du diese Erkenntnis umsetzen kannst, vertraue dennoch darauf: Zeit ist eine Illusion.

🌸 Lege deine Uhr ab, sie stellt dein »Sklavenband« dar. Keine Sorge, in deinem Umfeld gibt es genügend Uhren, um dich zeitlich zu orientieren, aber so entfernst du die Zeitmessung erst einmal aus deinem direkten Energiefeld. Das ist ein erster und wichtiger Schritt.

❀ Öffne dich für die Energie von Erzengel Metatron. Er wacht über die Zeit und kann sie ausdehnen oder verkürzen, je nachdem, was du gerade brauchst. Wir glauben, die Zeit sei absolut, mithilfe von Metatron wirst du entdecken, dass sie sehr dehnbar ist.

❀ Bitte darum, immer zur rechten Zeit am rechten Ort zu sein. Das ist wahrscheinlich der wichtigste Schritt.

❀ Vertraue darauf, dass sich alles regelt und du immer genau wissen wirst, was zu tun ist. Natürlich wirst du anfangs immer wieder auf die Uhr schauen oder nach der Zeit fragen. Aber das hier läuft auch nicht nach dem Alles-oder-Nichts-Prinzip, sondern es ist ein schrittweiser Prozess aus der Sklaverei heraus.

❀ Habe Geduld mit dir während dieses Prozesses.

❀ Neue dienliche Glaubenssätze für dich können sein: Zeit ist eine Illusion. Ich habe immer genügend Zeit. Ich bin Herr/Frau über meine Zeit. Ich bin frei von den Beschränkungen der Zeit. Ich liebe es, immer zur rechten Zeit am rechten Ort zu sein.

❀ Entschleunige dein Leben. Mache alles langsamer, inniger, meditativer.

❀ Das Zeitkonzept hat viel mit Kontrolle zu tun. Das Gegenteil von Kontrolle ist Vertrauen. Stärke, so oft es geht, dein Vertrauen in das Leben, in dich selbst, in das Göttliche.

🌸 Sollte etwas nicht klappen, weil du den richtigen Zeitpunkt verpasst hast, wisse, dass es dafür einen wichtigen Grund gibt und es ein Geschenk darstellt. Vielleicht ergibt sich eine noch bessere Möglichkeit für dich.

🌸 Du wirst nach und nach beobachten, dass du viel gelassener wirst, was Zeit anbelangt, und dass sich vieles von selbst löst. Dein Vertrauen wird gestärkt. Geduld und Vertrauen bleiben weiterhin die Zauberwörter.

Der jetzige Moment ist alles, was existiert. Du kannst dich an die Vergangenheit erinnern, du kannst dir die Zukunft vorstellen, aber existieren bzw. sein kannst du nur genau JETZT!

Es hat alles mit Bewusstheit zu tun. Sei dir des jetzigen Moments bewusst, halte inne, lasse es langsam angehen. Bewusstheit ist nichts, was man schnell erreicht, sondern wir dürfen es beständig üben. Was machst du gerade? Sei aufmerksam und ganz präsent bei allem, was du tust. Wenn du gehst, dann gehe bewusst. Spüre in dich hinein, und nimm deinen Körper wahr. Wenn du Geschirr spülst, sei dir dessen bewusst. Gehe ganz auf in all deinen Tätigkeiten, bringe überall mehr Bewusstheit hinein. So gewöhnt sich dein System immer mehr daran, präsent und im Hier und Jetzt zu sein.

Das Jetzt ist der einzige Zeitpunkt, an dem wir etwas ändern, eine bewusste Entscheidung treffen, eine Handlung ausführen oder nicht ausführen können. Alles Grübeln über die Vergangenheit und die Zukunft ist sinnlos, denn damit verstricken wir uns wieder im Ego (dazu ausführliche Informationen im nächsten Kapitel). Das Leben findet jetzt statt. Bewege deine Aufmerksamkeit also weg von den Gedanken und hin zum WAHRNEHMEN, Präsentsein, Aufmerksamsein, Anwesendsein. Wenn wir im Jetzt präsent sind, dann fühlen wir uns lebendig, und wir spüren auch eine ganz neue Art der Verbindung sowohl zu unseren Mitmenschen, als auch zum Lebensstrom. Das Leben selbst wird für uns spürbar, es pulsiert in uns, der Fluss des Lebens trägt uns. Wir sind dann DA, wir realisieren, was um uns herum passiert, und sind im Gegenzug auch sicht- und spürbar für die anderen. Wir fühlen uns eins mit der Urkraft, und die Trennung ist aufgehoben.

Abgesehen von dem Gedankenkarussell und dem Zeitdruck sind wir heutzutage auch so vielen anderen Reizen ausgesetzt, dass wir viel Disziplin brauchen, um der ständigen Ablenkung durch Internet, Handy etc. zu widerstehen. Immer online, immer erreichbar zu sein heißt dann leider aber auch, nicht mehr im Hier und Jetzt zu sein, wir sind nicht wirklich da, nicht in diesem Moment präsent, sondern gefangen in der virtuellen Welt. Dort ist immense Kraft gebunden. Natürlich haben die moderne Technik und die neuen Medien ihren Sinn und bringen auch Segen. Nur ist das Suchtpotenzial auch sehr hoch, und so ist aus meiner Sicht ein wohldosierter Einsatz auf unserem Pfad des Erwachens unerlässlich.

Eine schöne Übung, um präsent zu sein

* Atme ein paar Mal tief ein und aus.

* Gehe mit deiner Aufmerksamkeit in den Bauch hinein, und sprich innerlich: »Ich bin hier.«

* Gehe dann mit deiner Aufmerksamkeit in dein Herz hinein, und sprich innerlich: »Ich bin offen.«

* Nun werde aufmerksam in deinem Kopf, und sprich innerlich: »Ich bin bewusst.«

* Atme tief ein und aus.

* Sprich nun innerlich: »Ich bin verbunden.«

> **Paradox:** Das Erwachen ist ein stufenweiser Prozess. Gleichzeitig sind wir schon jetzt am Ziel, müssen nirgends hin, und es gibt keine Stufen.

Bei diesem Paradox kommt uns unsere dreidimensionale Vorstellung in die Quere. So glauben wir, dass die vollständige Befreiung ein Ziel ist, das wir irgendwie erreichen können, ein Ziel, das in der Ferne liegt. Gängig ist die Vorstellung, wir müssten irgendwo hingelangen, wo wir jetzt gerade noch nicht sind. Dieses Verständnis kommt in vielen Redewendungen zum Ausdruck wie »Er ist einfach noch nicht so weit« oder »Ich habe Fortschritte gemacht und bin weitergekommen«. Wir sind auf der

Erde in dieser dreidimensionalen Sichtweise gefangen, dabei sind wir multidimensionale Wesen und in unserer letztendlichen Wirklichkeit reines Sein – ohne Begrenzung, ohne Form. Wenn wir erwachen, stellen wir fest, dass wir immer schon DA waren, es nur nicht bemerkt hatten, sondern in einem Traum gefangen waren. Wenn wir erwachen, fällt dieser Traum von uns ab wie ein abgetragener Mantel, und unser wahres Sein offenbart sich.

Das liebe Ego zähmen

»Was genau meinst du eigentlich mit Ego?«, werde ich oft gefragt. Ich habe festgestellt, dass darunter ganz unterschiedliche Dinge verstanden werden. Deshalb möchte ich erklären, was ich damit meine, wenn ich diesen Begriff hier verwende.

Ich beginne damit, was das Ego NICHT ist. Es ist nicht unser wahres Sein, unsere göttliche Natur, unsere Essenz, die Einheit allen Seins. Das Ego ist nicht Liebe, Frieden, Freude, Glückseligkeit, Ruhe, etc. Wir versuchen hier, göttliche Qualitäten in Worte zu fassen und Beschreibungen für das reine Sein zu finden. Im Grunde lässt sich aber die wahre Essenz der Göttlichkeit nicht mit Worten beschreiben. Dennoch leben wir ja auf der Erde und brauchen auf unserem Weg zur Bewusstwerdung Worte, die uns wie auf einer Art Landkarte zur Orientierung dienen können. Mit den eben genannten Begriffen bzw. Qualitäten versuchen wir also, dem Göttlichen Gestalt und Form zu verleihen. In den verschiedenen Religionen gelten diese Tugenden auch als erstrebenswert.

Wenn sich das Göttliche in der Dreidimensionalität manifestiert, zeigt es sich in den Gegensätzen hell/dunkel, warm/kalt, leicht/schwer etc. Es bildet also keine Einheit mehr, sondern zeigt sich geteilt. Die Urkraft hat sich aufgespalten, um sichtbar, fühlbar und erlebbar zu werden, um sich selbst zu erleben und zu erweitern.

Was also nun ist das Ego? Das Ego ist, ganz einfach ausgedrückt, das Erleben der Abtrennung vom Göttlichen, vom wahren Sein. Es ist das Erleben eines Ichs, eines Individuums, das getrennt von allen anderen Menschen und der Welt existiert. Das Ego gehört also zu dieser Erfahrung auf der Erde, es ist nötig, um Dualität überhaupt erleben zu können.

Paradox: Das Göttliche ist in allem enthalten. Gleichzeitig gibt es das Dunkle, Unbewusste, Nicht-Erwachte, das Ego, das davon getrennt scheint.

Es gibt Schriften, die das Dunkle, das Unbewusste, das Negative, das eben nicht dem reinen Sein entspricht, als einen Traum, eine Illusion bezeichnen. In der indischen Philosophie wird es »Maya« genannt, die Scheinwelt. Alles, was uns hier im Leben als sehr real erscheint, ist eben letzten Endes gar nicht so real. Da aber die Urkraft in allem enthalten ist, weil es nichts außerhalb von ihr gibt, muss sie ja auch in der Illusion enthalten sein. Maya ist einfach eine Gestalt, die das Göttliche vorübergehend annimmt, so, wie wenn ich ein Kostüm anlege und es später wieder abstreife. Ich bin nicht das Kostüm, ebenso wenig ist Maya die Ursubstanz, aber diese scheint quasi hindurch und ist im Kern enthalten. Maya ist nicht vom Göttlichen getrennt. Allein aus Unwissenheit nehmen wir die Ursubstanz nicht wahr, erkennen sie nicht. So bleibt das Spiel des Lebens am Laufen. Maya entsteht aus den göttlichen Schöpfungsimpulsen heraus und verdichtet sich immer weiter, bis handfeste Materie entsteht.

Um es in ein Bild zu packen: Das reine Sein ist wie ein großer, heller Raum. In diesem hellen Raum befinden sich Gegenstände, die Materie. Je voller dieser Raum ist, desto weniger sehen wir von dem ursprünglichen, hellen Raum, aber alles spielt sich darin ab. Es gibt keine wirkliche Trennung. Wir nehmen aber eine Trennung wahr, und zwar umso stärker, je intensiver wir im Materiellen verhaftet sind und glauben, es sei die einzige Wahrheit. Dieser Glaube verdunkelt unser Bewusstsein.

Es gibt einerseits also unsere wahre Natur und andererseits das Maya-Ego, das aus Gedankenkonstruktionen, Vorstellungen und Glaubenssätzen eine Identität geformt hat. Im Grunde besteht diese große Identität wieder aus einzelnen Identitäten: Ich bin eine Mutter, eine Ehefrau, eine Tochter, eine Heilerin, eine Autorin, eine Vegetarierin, eine Kollegin, eine Wahrheitssuchende etc. In jeder dieser Rollen bringe ich andere Aspekte von mir zum Ausdruck. All diese Identifikationen sind mit etwas im Außen verknüpft, dadurch suchen wir immer außerhalb von uns selbst nach Glück und Erfüllung. Es entwickeln sich Abhängigkeiten und Anhaftung.

Das dunkle Ego

Ich habe festgestellt, dass es einfacher und auch praktikabler ist, das Ego zu unterteilen und sich zunächst mit dem dunklen und erst im fortgeschrittenen Stadium der Bewusstwerdung mit dem hellen Teil zu beschäftigen (siehe Kapitel »Auch dem hellen Ego Lebewohl sagen«, S. 135). Was meine ich damit genau? Für viele Menschen macht es noch keinen Sinn, dass zum Beispiel ihre Identifikation mit der Rolle »Mutter« (heller Teil) ein Problem sein könnte. Sie empfinden es als positiv, und an der Stelle überfordert es sie, dass unser wahres Sein überhaupt keine Rolle bzw. Identifikation kennt. Darum beginne ich in der Praxis meist erst einmal mit den negativen Attributen, Rollen, Eigenschaften bzw. Mustern, zum Beispiel Opfersein, Überforderung, Scham und Schuld, Zorn und Hass, Selbstablehnung, Ängste etc. Das entspricht auch dem Weg, den die großen Religionen vorschlagen: Werde erst einmal ein besserer Mensch, entwickle positive Eigenschaften, überwinde die niederen Instinkte, und erlange dann nach und nach Gotteserkenntnis, oder empfange Gottes Gnade. Letzten Endes fallen jedoch ALLE Identifikationen weg – auch die, die wir als positiv oder hell bezeichnen.

Das dunkle Ego willkommen heißen – ganz konkret

 Schritt 1: Gib deinem dunklen Ego einen Namen. Dieser Name fasst alle Eigenarten zusammen, die du an dir selbst nicht magst. Mein dunkles Ego heißt Egon. Du kannst aber jeden x-beliebigen Namen verwenden. Er darf gerne lustig sein, dann bringt er gleich Leichtigkeit ins Spiel. Der Fantasie brauchen an der Stelle keine Grenzen gesetzt werden.

🌸 Was bringt es, wenn wir dem Ego einen Namen geben? Mit einem Namen wird eine direkte Verbindung zwischen einem selbst und dem Ego hergestellt. Die uns bislang nicht bewussten Machenschaften des Egos bleiben dann nicht länger im Verborgenen, es wird greifbarer und damit auch leichter zu handhaben. Es heißt, den Namen zu wissen, verleiht Macht. Mit der Namensgebung erlangen wir also Macht über unser Ego und sind ihm nicht länger hilflos ausgeliefert.

🌸 Halte inne. Gib deinem Ego gleich jetzt einen Namen. Lies bitte erst weiter, wenn du den Namen ausgewählt hast!

🌸 Schritt 2: Heiße nun dein Ego im Leben willkommen. Keine Sorge, dadurch stärkst du es nicht. Es ist ohnehin schon lange da, seit Anbeginn der Zeit gehört es zu dir. In deinem jetzigen Leben auf der Erde hat es auch seinen Platz. Beginne einen Dialog, und biete ihm die Zusammenarbeit mit dir an. Du fragst dich jetzt vielleicht, was das wieder für eine komische Idee ist, schließlich willst du dein Ego ja loswerden, es überwinden. Warum also mit ihm zusammenarbeiten? Weil NICHTS überwunden werden kann, was abgelehnt oder ausgeklammert wurde! Damit werden Energien nur in den Schatten gedrängt. Dort treiben sie dann unkontrolliert ihr Unwesen. Uns bleibt dann oft verborgen, dass es unsere eigenen Energien sind, da wir die Schatten meist nur in der Projektion auf andere erkennen. An ihnen sehen wir dann die ungeliebten Anteile und verurteilen sie. »Der blöde Nachbar«, »der aufgeblasene Angeber«, »die dumme Kuh« etc. sind leider wir selbst, nur wollen wir es nicht wahrhaben.

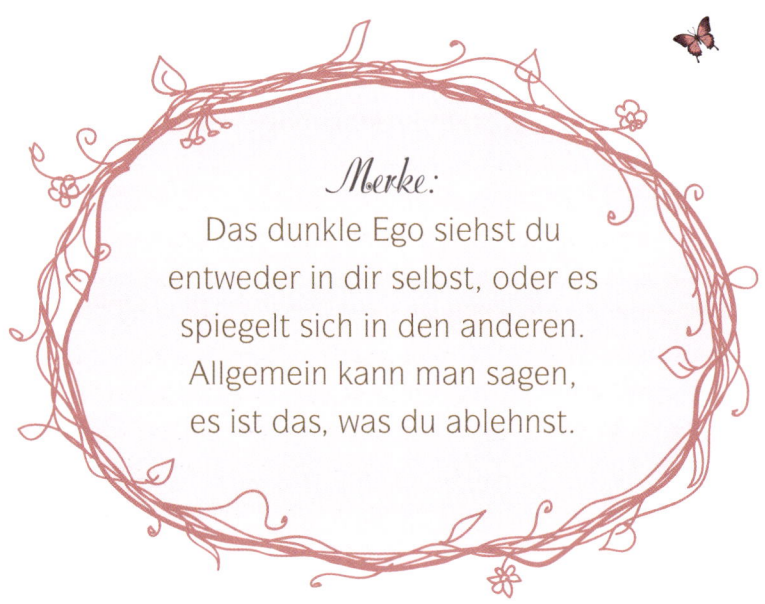

Merke:
Das dunkle Ego siehst du
entweder in dir selbst, oder es
spiegelt sich in den anderen.
Allgemein kann man sagen,
es ist das, was du ablehnst.

Leandra war bereits seit Längerem meine Klientin. In unregelmäßigen Abständen suchte sie mich in meiner Praxis wegen aktueller Anliegen auf. Sie war eine hübsche, junge Frau mit braunen Rehaugen. Ihre ganze Erscheinung hatte etwas Unschuldiges und Reines an sich. Sie war sehr fleißig, strebsam und auch gewissenhaft. Sie wollte immer ihr Bestes geben und möglichst nicht anecken. Aufgrund ihres sanften Wesens war sie überall beliebt. In der letzten Zeit hatten sich jedoch unangenehme

Erlebnisse gehäuft: Sowohl in ihrem letzten Studienjahr als auch danach in ihrem Job sah sie sich mit aggressiven und wütenden Männern konfrontiert. Leandra konnte sich nicht erklären, wieso diese gerade sie als Zielscheibe benutzten, wo sie doch immer zurückhaltend war und aus ihrer Sicht keine Angriffsfläche bot.

Wie du dir vielleicht schon denken kannst, meldete sich Leandras Schatten lautstark im Außen. Sie war nie wütend oder aggressiv und lehnte diese Eigenschaften auch kategorisch ab. Als ich sie darauf hinwies, dass dies ihre eigenen unterdrückten Anteile waren, die sich in Form dieser aggressiven Männer zeigten, ging sie sofort in den Widerstand. Wenn sich Widerstand zeigt, wähle ich in der Regel eine sanfte Vorgehensweise, um ihn zu überwinden, das heißt, ich kämpfe nicht dagegen an, sondern lasse dem Gegenüber seine Sichtweise. Im Laufe der Arbeit erkennt der Klient in der Regel dann selbst, dass er im Widerstand war, und kann ihn dann aufgeben. Bei der Sitzung konnte Leandra dann ein klares Bild sehen: Sie sah sich als etwa dreijähriges Mädchen. Sie hatte einen lauten und tränenreichen Wutanfall, weil ihr großer Bruder ihre Schokolade einfach aufgegessen hatte. Das Ganze fand im Rahmen einer Familienfeier statt, und ihrem sonst sehr geduldigen und sanften Vater rutschte die Hand aus. Daran hatte sich Leandra nicht mehr bewusst erinnern können, sie hatte es vergessen und verdrängt. Nun zeigte sich, wie schockiert Leandra gewesen war. Ein Schock bewirkt immer eine Starre im Energiefeld. Ein Teil von uns bleibt in dieser Situation gefangen.

Leandra und ich konnten gemeinsam diese Schockstarre auflösen und heilen. Es war deutlich spürbar, wie sich Leandras Energiefeld wieder öffnete und die Energie wieder freier fließen konnte. Wir kehrten zurück zu der Szene mit ihrem Vater. Nun konnte Leandra auch erkennen, dass ihr Vater an dem Tag unter großem Druck gestanden hatte. Kurz vorher war sein Vater, also Leandras Großvater, gestorben, daher waren alle von tiefer Trauer erfüllt, zudem lag Spannung in der Luft, da die Großmutter Leandras Vater direkt vor Leandras Wutanfall große Vorwürfe gemacht hatte. Leandras Wutausbruch war in dem Moment einfach zu viel für ihn gewesen. Meine Klientin konnte das gut spüren und verzieh sich selbst und ihrem Vater. Nun blieb uns noch als letzter Schritt, zu schauen, welche Entscheidung sie damals getroffen hatte. Sie konnte erkennen, dass sie sich nach der Ohrfeige von ihrem Vater geschworen hatte, nie wieder auf diese Weise aufzufallen und nie wieder lautstark für ihre Bedürfnisse einzustehen. Hier lag also der Grund, warum sich Leandra auch als erwachsene Frau jegliche Form von Wut oder Aggression strikt verbot. Jetzt konnte sie diese Schlüsselentscheidung zurücknehmen und auch das dazugehörige Verhaltensmuster auflösen. Nun stand der Befreiung nichts mehr im Wege. Als krönenden Abschluss fällte Leandra eine neue Entscheidung: »Ich erlaube mir, meine Bedürfnisse lautstark zum Ausdruck zu bringen und für mich einzustehen.«

Drei Monate lang hörte ich danach nichts von ihr. Dann schrieb sie mir eine E-Mail. Tatsächlich war ihr Vorgesetzter seit unserer Sitzung ihr gegenüber viel ruhiger ge-

worden. Er hatte zwar sein Wesen nicht verändert, aber meistens traf es nun eine Kollegin aus der Nachbarabteilung, weil Leandra nicht mehr in Resonanz mit dem Thema stand. Sie selbst fühlte sich wohler und freier. Gleich nach der Sitzung war es erst einmal zu Konflikten in ihrer Familie gekommen, da niemand daran gewöhnt war, dass Leandra auch einmal widersprach oder den Ton verschärfte. Mittlerweile war aber wieder Ruhe eingekehrt. Auch fühlte sie sich lebendiger, und immer wieder wurde ihr jetzt erst bewusst, wie sehr sie sich selbst in der Vergangenheit unterdrückt hatte. Manchmal fiel es ihr auch noch nicht ganz leicht, ihre Bedürfnisse auszudrücken, aber sie übte fleißig weiter. Sie schloss ihren Bericht mit den Worten, dass sie es nie für möglich gehalten hatte, dass ihr Chef tatsächlich ihren Schatten auslebte. Wenn er jetzt ab und zu wieder aggressiv wurde, dann dachte sie an sich als kleines Mädchen, das sich so über die aufgegessene Schokolade geärgert hatte, und es fiel ihr dadurch viel leichter, in der Ruhe zu bleiben.

Paradox: Um etwas zu überwinden,
musst du es erst annehmen.

Wenn du es annimmst, erkennst du an, dass es zu dir gehört, es bei dir ist. Nur so erlangst du Macht darüber. Wenn du es ausklammerst oder ignorierst, machst du dich zum willenlosen Opfer, und die Energie kann unbemerkt dein Leben, deine Gedanken und deine Gefühle beeinflussen oder sogar steuern.

Mit dem dunklen Ego zusammenarbeiten – ganz konkret

✿ Führe nach der Namensgebung eine kleine Begrüßungszeremonie durch, sozusagen ein kurzes Willkommensritual. Zünde eine Kerze an, lege Kraftgegenstände bereit (Heilsteine, Karten etc.), singe ein Lied, rufe für dich hilfreiche Kräfte aus der Geistigen Welt herbei, und beginne offiziell deine Kooperation mit deinem Ego. Wenn du willst, könnt ihr sogar eine schriftliche Vereinbarung unterzeichnen, den sogenannten Ego-Vertrag.

✿ Lege dir ein Büchlein zu, in dem du alles notieren kannst, was du mit deinem Ego besprichst und was dir bewusst wird.

✿ Ja, sprich mit deinem Ego, so, wie du dich auch mit einem Freund unterhalten würdest. Beginne einen Dialog, baue eine »Brücke« zu ihm auf.

✿ Am besten ist es, du planst für jeden Tag zur gleichen Zeit eine kleine Unterredung mit deinem Ego ein. Das braucht nicht lange zu sein, ein paar Minuten genügen. Nicht die Dauer, sondern die Regelmäßigkeit bringt den Erfolg.

✿ Du kannst dich für deine tägliche Unterredung auf ein gemütliches Sofa kuscheln oder dir einen besonderen Ort vorstellen: vielleicht eine schöne Stelle in der Natur zum Beispiel in einem Wald, am Meer, an einem

See oder auf einem Berg. Wähle einen Ort, wo du dich wohlfühlst.

🌸 Befrage dein Ego zu allen Dingen, die dich beschäftigen. Frage es, warum es ängstlich, wütend, traurig, gereizt, verstört oder ablehnend ist. Höre ihm aufmerksam zu. Zeige Verständnis, und lasse seine Wahrnehmung und Meinung gelten. Das alles entspricht dem Akt des Annehmens.

🌸 Nachdem du deinem Ego gut zugehört hast und es dir zum Beispiel erklärt hat, dass es Person XY am liebsten etwas heimzahlen würde, dann frage es, was es eigentlich wirklich will. Was ist der Wunsch hinter dem vordergründigen Racheakt? Was ist das tiefere Bedürfnis? Was will es wirklich?

Wenn du diese Übung öfter durchführst, wirst du merken, dass dich dein Ego in den meisten Fällen einfach nur beschützen möchte – vor Verletzung jeglicher Form. Dazu benutzt es alle möglichen Mittel und Wege. Immer öfter wirst du in diesem Prozess auf eine der vier Urängste stoßen.

Die vier Urängste sind:

• nicht geliebt und angenommen zu sein

• die Kontrolle zu verlieren und ausgeliefert zu sein

• nicht gut genug zu sein, zu versagen

• alleine zu sein, ein Nichts zu sein

Um diese vier Urängste nicht spüren zu müssen, ist das Ego nahezu zu allem bereit, so bringt es den Menschen dazu, sich völlig zu verausgaben, um nicht als Versager dazustehen, oder sich aufzugeben, nur damit der Partner bleibt und man sich nicht alleine fühlt. Auf die Dauer ist das alles sehr kraftraubend. Jedes Problem, jedes Thema lässt sich auf eine oder mehrere dieser Urängste zurückführen. Natürlich sind diese Urängste auch Teil von Maya, sie sind Illusionen, denn wir sind immer geliebt, können nichts falsch machen und sind immer aufgehoben in der Urkraft.

Die vier Urängste auflösen – ganz konkret

❀ Erkenne, mit welcher Urangst du gerade konfrontiert wirst.

❀ Widerstehe dem Impuls, auszuweichen oder in den Fight-or-flight-(Kampf-oder-Flucht-)Modus zu kommen.

❀ Bleibe stehen, und konfrontiere dich mit der Angst. Blicke ihr sozusagen in die Augen. Dazu kannst du dir vorstellen, sie hätte eine Gestalt. Wie sieht diese Angst aus? Welche Farbe, welche Form hat sie? Aus welchem Material besteht sie? Mache sie greifbar und konkret. Stelle dir vor, dass sie Augen hat, deren Blick du nicht mehr ausweichst. Du stellst dich ihr!

❀ Atme tief und ruhig ein und aus.

❀ Verbinde dich innerlich mit deinen Engeln, mit Jesus, Gott, Mutter Erde, der göttlichen Mutter oder was immer dir Kraft gibt, und spüre, wie sich die Angst dadurch verändert.

❀ Stelle dir nun vor, dass das kosmische, göttliche Licht in die Figur der Angst einströmt, wie sich dadurch ihre Gestalt, ihre Form und ihre Größe weiter verändert, sie kleiner, heller wird … Bleibe so lange dabei, bis nur das göttliche Licht selbst übrig bleibt.

❀ Lasse nun das strahlende, göttliche Licht in dein ganzes Sein einfließen, in alle Zellen, in alle Schichten, wo vorher die Energie dieser Urangst den natürlichen Fluss der Energie blockiert hat.

❀ Verbinde dich jetzt mit einer göttlichen Qualität, die du brauchst, zum Beispiel Vertrauen, Mut, Hingabe, Kraft, Stärke, Weisheit, Dienen, Friedfertigkeit etc. Stelle dir vor, dass eine dieser Qualitäten dich ganz und gar ausfüllt. Bringe diese Qualität in die Lebenssituation hinein, wo du sie besonders brauchst.

Was ist das Grundgerüst des dunklen Egos?

Vereinfacht ausgedrückt kann man sagen, dass um diese vier Urängste herum alle möglichen Glaubenssätze und Gedankenkonstruktionen mit den jeweiligen individuellen Schattierungen gebildet werden. Sie stellen das Grundgerüst dar, auf denen wir unsere Identität aufbauen. Ich nehme an, wenn du dieses Buch liest, dass du dich schon mit negativen Glaubenssätzen beschäftigt hast. Solche können sein »Keiner liebt mich«, »Ich schaffe es nie«, »Ich bin ein schlechter Mensch«, »Ich bin ein Versager«, »Ich verdiene Strafe«, »Niemals darf ich glücklich sein«, »Das war schon immer so«, »Alle Männer/Frauen sind ...« usw. Hierbei handelt es sich um gedankliche Konstrukte, die rein gar nichts mit der Wahrheit zu tun haben. Manche dieser Konstrukte sind schon sehr alt, stammen aus früheren Leben, andere haben wir in der Kindheit gebildet, und täglich können neue hinzukommen. Oft gibt es Kernglaubenssätze, die ganz entscheidende Stützpfeiler unseres dunklen Egos darstellen.

Unsere Glaubenssätze bilden also tragende Säulen im Gebäude unserer Identität. Nun ist es wichtig, zu wissen, dass zu jedem Glaubenssatz auch Emotionen gehören, denn Glaubenssätze entstehen immer in Situationen, die stark von Gefühlen (Wut, Trauer, Schmerz etc.) bestimmt sind. Gefühle wirken unterstützend und stärkend auf Glaubenssätze. Ich denke also zum Beispiel »Keiner liebt mich« und fühle mich dadurch schlecht, minderwertig.

Wenn ich mich nun auch aus anderen Gründen schlecht fühle, wird gleichzeitig damit auch wieder die Überzeugung »Ich bin schlecht« verstärkt. Um also unser Ego mehr und mehr zu befreien, ist es nötig, einerseits auf der Mentalebene zu arbeiten und andererseits unbedingt auch die dazugehörigen Gefühle zu erlösen. Denn wenn man nur einen Glaubenssatz auflöst, ohne die jeweilige »Gefühlsladung« aufzulösen, die sich durch intensive Erlebnisse aufgebaut hat, dann bleibt die magnetische Wirkung der Gefühle bestehen, und wir ziehen weiterhin dementsprechende Situationen in unser Leben.

Gedankenmuster sind wie eine Brille, durch die wir die Welt betrachten. (Wenn du eine ausführliche Erklärung dazu wünschst, siehe dazu Kapitel 4 in meinem Buch »Der himmlische Code zur Lebens~Erfüllung«.) Ist dir schon einmal aufgefallen, dass andere Menschen die gleiche Situation ganz anders interpretieren als du? Woran liegt das? Sie haben einen anderen Fokus, eine andere Brille auf, durch die sie die Welt betrachten. Wenn wir ALLE Brillen abgelegt haben, sehen wir die Wahrheit. Wenn ich also mit dem Kernglaubenssatz »Keiner liebt mich« durch das Leben gehe, ziehe ich Menschen und Situationen an, die mir diesen Glauben über mich selbst widerspiegeln.

Wie finde ich negative Glaubenssätze?

Mit etwas Übung ist es sehr einfach, auf ungünstige Glaubenssätze zu stoßen. Beleuchte einfach die Lebensbereiche und -themen, wo immer wieder Schwierigkeiten auftreten. Dort sind garantiert mehrere Überzeugungen zu finden, die deinem Glück und Wohlbefinden im Wege stehen. Es sind Annahmen über die Wirklichkeit. Halte Ausschau nach Sätzen in deinen Gedanken, die die Worte »immer«, »alle«, »dauernd«, »jeder«, »nie« etc. enthalten. Auch Formulierungen, die mit »Ich bin ….« beginnen, sind wichtige Glaubenssätze. Oder allgemeine Sprüche wie »Wer nicht hören will, muss fühlen« und »Von nichts kommt nichts« etc. Mit ein wenig Forschergeist wirst du nach und nach immer tiefer gelangen – bis zu den Kernglaubenssätzen.

Gemeinsam mit dem dunklen Ego Glaubenssätze inklusive der Gefühlsladung auflösen

❀ Setze dich bequem an einen ruhigen Ort, und stelle dir den Platz vor, an dem du dich immer mit deinem Ego unterhältst. Lade es ein, zu dir zu kommen.

❀ Nenne den negativen Glaubenssatz, den du herausgefunden hast, und sprich kurz mit deinem Ego darüber, was dieser Satz in deinem Leben bewirkt und warum du ihn auflösen möchtest. Beziehe es in die Entscheidung mit ein, und zeige ihm die Vorteile, die dadurch entstehen.

❀ Stelle dir dabei dein Ego wieder als Gestalt, Energie etc. vor.

❀ Bitte jetzt um Hilfe aus der Geistigen Welt. Vielleicht möchtest du wieder jemand ganz konkreten, einen bestimmten Engel, Jesus, Maria oder Gott, zu dir bitten.

❀ Bitte als Erstes darum, dass die Energie dieses Glaubensmusters sichtbar wird – in deinem Körper, deinem Energiefeld und in deinem Ego.

❀ Sobald du etwas siehst, fühlst, wahrnimmst, vertraue darauf, dass dies genau die Energie deines Glaubenssatzes ist, und bitte die göttliche Gnade, dass sie ihn auflöst – sowohl in dir als auch in der Energie deines Egos.

❀ Lasse dir Zeit, und nimm genau wahr, wie sich die Energie des Satzes in euch beiden auflöst. Es wird jetzt hell dort, licht, und du fühlst dich freier. Lasse den Prozess vollständig ablaufen, beobachte ihn solange.

❀ Bitte nun darum, die in dir und deinem Ego gespeicherte Gefühlsladung des Musters wahrzunehmen. Sie ist es, die das Muster in der Vergangenheit immer wieder mit Kraft versorgt hat.

❀ Die göttliche Gnade erlöst und transformiert jetzt auch die gespeicherten »Gefühlsklumpen«. Beobachte den Prozess wieder, bis er in euch beiden beendet ist.

❀ Bitte jetzt zum Abschluss das göttliche weiße Licht und die göttliche Liebe, den ganzen Raum einzunehmen, den vorher der Satz und die zugehörigen Gefühle innehatten.

🌺 Danke deinen Begleitern aus der Geistigen Welt und dem Göttlichen.

Der alte Glaubenssatz ist jetzt energetisch entfernt. Vor allem, wenn man Kernsätze erlöst, ändert sich oft das ganze Leben, weil sie in allen möglichen Lebensbereichen ihre Wirkung zeigen. Wichtig ist jetzt, die Leere wieder aufzufüllen und einen neuen Satz zu finden, der den alten auf positive Weise ersetzt. Ganz entscheidend ist hierbei, sich wirklich Zeit zu lassen, um einen wirklich guten Satz zu finden. Darauf lege ich in meiner Praxis und Beratung sehr viel Wert. Man sollte auf keinen Fall den erstbesten oder einfach nur die Umkehrung des alten Glaubenssatzes nehmen. Der neue Satz muss dir Kraft und Energie geben und dich aufrichten! Sonst ist es noch nicht der passende Satz. Spiele mit den Formulierungen, bis es sich für dich wirklich super anfühlt, den Satz auszusprechen.

Konkrete Beispiele:

Alter Satz: »Nur wenn ich die Kontrolle behalte, bin ich sicher.«
Neuer Satz: »Ich fühle mich sicher, in meiner menschlichen Präsenz zu sein.«

Alter Satz: »Wenn ich ich selbst bin, bin ich nicht liebenswert.«

Neuer Satz: »Wenn ich mich dem Sein hingebe, werde ich geliebt.«

Alter Satz: »Ich darf nie wieder einschlafen.« (Dieser Glaubenssatz stammte aus einem früherem Leben, in dem etwas Schlimmes passiert war, weil die Person während der Nachtwache eingeschlafen war. Folge im Hier und Jetzt: Schlafstörungen.)
Neuer Satz: »Gott wacht, ich darf schlafen.«

Alter Satz: »Ich muss alles richtig machen.«
Neuer Satz: »Mit Leichtigkeit gelingt mir alles.«

Alter Satz: »Ich muss jetzt endlich Geld mit meiner Praxis verdienen, weil die Ausbildung so teuer war.«
Neuer Satz: »Meine Arbeit ist Gold wert, das bisschen Silber, das die Ausbildung gekostet hat …«

Alter Satz: »Mein Hintern ist furchtbar.«
Neuer Satz: »Ich bin eine Frau mit tollen Kurven«.

Alter Satz: »Ich schaffe das nie.«
Neuer Satz: »Ich gehe in meine Größe und nehme meinen Platz im Leben ein.«

Anhand dieser Beispiele wird deutlich, dass ein guter neuer Glaubenssatz nicht einfach schnell mal die Umkehrung des alten Satzes oder eine Affirmation aus einem Buch ist. Es geht darum, wirklich die ESSENZ zu erfassen, das, worum es geht, und eine Formulierung zu finden, die einem Kraft gibt, einen »kickt«. Lass dich am besten von einer positiven Person darin unterstützen, zu zweit gelingt es noch besser als alleine.

Zusammen mit dem dunklen Ego den neuen Satz integrieren – ganz konkret

💮 Triff dich wie gewohnt mit deinem Ego an eurem Kraftplatz.

💮 Weihe dein Ego in den neuen Satz ein, erkläre ihm genau, warum dieser Satz jetzt wichtig ist, und gib ihm die Aufgabe, dafür zu sorgen, dass du dich dem neuen Satz gemäß verhältst. Es ist sehr gut, wenn dein Ego eine sinnvolle Beschäftigung hat. Aufpassen und wachen tut es naturgemäß gerne, in diesem Fall nutzen wir das für uns.

💮 Bitte nun die göttliche Gnade, sowohl in dir als auch in deinem Ego die Essenz und Energie dieses neuen Satzes zu »installieren«. Man kann es sich wirklich so vorstellen, als würde man auf dem PC ein neues Programm installieren.

💮 Beobachte den Vorgang wieder, oder spüre ihn, und warte, bis er abgeschlossen ist.

💮 Jetzt ist es noch wichtig, um eine positive göttliche Qualität zu bitten, die dich in Zukunft mit dem neuen Satz unterstützt. Mögliche Qualitäten sind Friedfertigkeit, Geduld, Mut, Gelassenheit, Stärke, Liebe, Hingabe, Barmherzigkeit, Toleranz etc. Sieh und fühle auch, wie diese Qualität in dich einströmt und Körper, Seele und Geist ganz erfüllt.

❀ Es braucht mindestens 21 Tage, besser noch drei Monate (bei Kernthemen), in denen der neue Satz und die göttliche Qualität gepflegt und von dir mit Energie versorgt werden wollen. Das heißt, die »Installation« ist nun abgeschlossen, aber das tägliche energiegeladene Benutzen deines neuen Satzes ist nötig, um die Veränderung dauerhaft und stabil zu verankern. Sonst bleibt es eine rein mentale Veränderung, gleich einem neuen PC-Programm, das installiert wurde, aber nicht benutzt wird. Dann ist es zwar schön, dass du das neue Programm auf deinem PC gespeichert hast, aber daraus resultierende positive Ergebnisse werden ausbleiben.

Jetzt haben wir schon einiges an Rüstzeug, um unser dunkles Ego mehr und mehr zu erlösen. Geduld ist wichtig, ebenso wie Beharrlichkeit.

*W*o? Mitten im *H*erzen!

*V*on jeher wird das Herz mit Gott in Verbindung gebracht. Das Herz als Sitz der Liebe wird in allen Religionen und Kulturen verehrt. Oft heißt es auch, das Herz sei Wohnstätte der unsterblichen Seele. Um das Herz kommen wir auf dem Weg ins Erwachen nicht herum, es ist das Zentrum des SEINS und führt uns mitten in unsere Göttlichkeit hinein. Bedingungslose Liebe ist die Ursubstanz des Lebens. Es ist nicht die Liebe, die gewöhnlich zwischen Menschen herrscht und an zahllose Bedingungen geknüpft ist (Ich liebe dich, wenn du dies oder jenes tust.), sondern die tiefe Liebe zu allem Sein. Man könnte sagen, dass die Schöpfung sich selbst liebt. Gott, die Urkraft, blickt voller Wärme und tiefer Freude auf seine eigenen Kreationen und erfreut sich daran.

Der Weg führt uns jetzt also direkt ins Herz hinein. In der Regel stoßen wir hier jedoch erst einmal auf dicke Mauern, die uns vor Schmerz und Leid schützen sollen. Im Herzen selbst sind viele alte Verletzungen, Trauer und Schmerzen gespeichert, die uns bislang daran hindern, die göttliche Liebe zu spüren. Schon oft habe ich von Klienten den Satz gehört: »Ich bin doch nicht wahnsinnig und öffne mein Herz, nur um wieder verletzt zu werden!« Meine Erwiderung darauf lautet: »Aber genau das ist der richtige Weg, und wenn du dich entscheidest, dein Herz zumindest wieder ein wenig zu öffnen, dann kann Heilung geschehen, und du bekommst auch ganz viel himmlische

Hilfe dabei!« Es ist ein bisschen so, als würde man auf einem Dachboden eine alte, schwere Kiste finden. Diese Kiste enthält viele Erinnerungen, Fotos, Briefe, Papierschnipsel … und mit jedem kleinen Schnipsel sind Gefühle verbunden. Es gibt auch kleine Tüten, in denen viele Fotos und Erinnerungen zu einem Thema verpackt sind. Die schwere Kiste im Herzen darf also geöffnet, ausgepackt und inspiziert werden, damit Heilung stattfinden kann.

Die schwere Kiste im Herzen öffnen – ganz konkret

❀ Nimm dir ausreichend Zeit nur für dich.

❀ Entscheide dich, dass du bereit bist, dich altem, vielleicht auch vergessenem Schmerz zu stellen.

❀ Bitte zuerst um Unterstützung aus der Geistigen Welt, rufe herbei, wer immer dir Schutz und Kraft gibt.

❀ Gehe direkt in dein Herz hinein, und finde die verschlossene Truhe. Bitte deine Seele, sie für dich zu öffnen.

❀ Bleibe sehr aufmerksam. Was fühlst du, was hörst du, was siehst du oder weißt du, sobald sich die Truhe geöffnet hat? Welche Menschen oder Ereignisse tauchen vor deinem inneren Auge auf?

❀ Atme tief in den Bauch hinein, spüre den Schutz und Beistand deiner Begleiter, und erlaube dir jetzt, dass sich alle Gefühle zeigen dürfen, die zu dem Ereignis gehören, das sich gerade öffnet. Erlaube dir, sie wirklich zu fühlen, und unterdrücke nicht. Wenn wir intensiven Gefühlen wirklich Raum geben und sie zulassen, dauert es nicht lange, bis wir sie durchlebt haben und sie sich auflösen. Weine, schreie, schimpfe, gib alles zum Ausdruck, was ausgedrückt werden möchte. Bleibe dabei aber zentriert, und bleibe bei der Empfindung und dem Gefühl, widerstehe der Versuchung, in dein Kopfkino bzw. deine Gedanken zu flüchten. Bleibe bei der Wahrnehmung der Gefühle, anstatt mit dem Geist Urteile zu fällen.

❀ Es ist tatsächlich so, dass sich die Empfindung, wenn wir sie wirklich zulassen – ohne Bewertung, ohne Bedauern, ohne Gedanken –, dann recht schnell von selbst wieder auflöst.

❀ Wenn die Empfindung nachlässt, dann schaue, was es noch braucht, um endgültig Frieden zu schließen: Darfst du der/den beteiligten Person/en noch verzeihen? Und/oder dir selbst verzeihen? (Wenn du dafür Hilfe brauchst, dann empfehle ich dir von Herzen das Ho'oponopono. Zu diesem Thema gibt es viele gute Bücher und auch Informationen im Internet.)

❀ Bleibe so lange dabei, bis du selbst und die beteiligten Personen in deiner Vorstellung Frieden gefunden haben.

❀ Gehe nun mit der Aufmerksamkeit ganz in dein Herz hinein. Bitte jetzt die göttliche, bedingungslose Liebe darum, Platz zu nehmen und den Raum auszufüllen, den der Ballast innehatte. Sieh, fühle oder wisse, dass die Kiste jetzt ein Stück leichter geworden ist.

❀ Danke zum Abschluss dir selbst für deinen Mut, dich dem Schmerz gestellt zu haben, und auch deinen Helfern.

Wenn du meinst, du schaffst es nicht alleine oder es sei zu viel Schmerz in dir, sodass du wirklich Angst hast, dann zögere nicht, und suche dir professionelle Hilfe! Du musst dir nichts beweisen und alles alleine schaffen. Das Leben hält unglaublich viel Unterstützung für dich bereit.

Der Weg des Herzens – Bhakti Yoga

Im Alter von 18 oder 19 Jahren kam ich das erste Mal mit Yoga in Kontakt. Es hat mich damals schon sehr angesprochen. Das Yogasystem ist so umfassend, Körperübungen, Ernährung, Meditation, Atemübungen, Herzöffnung, Hingabe und Wissen führen uns auf einem in Jahrtausenden erprobten Weg zum Erwachen. Im Yoga ist wirklich alles enthalten. Ich persönlich hatte Yoga, als ich Mutter geworden war, aus den Augen verloren. Seit Dezember 2012 hat es jedoch wieder einen wichtigen Platz in meinem Leben eingenommen, vor allem der Weg der Hingabe, das Bhakti

Yoga. Bei diesem Weg geht es darum, sich Gott und der Liebe ganz hinzugeben. Nur noch die Sehnsucht nach der Verschmelzung mit dem Göttlichen treibt den Suchenden an, und dafür ist er bereit, sich vollkommen hinzugeben. Bhakti bezeichnet die innige Liebe zu Gott und nichts anderes als diese Liebe auszudrücken, zu fühlen, zu leben.

Ganz konkret besteht der Bhakti-Weg aus Folgendem:

- ein Mantra (oder den Namen Gottes) im Geiste oder laut wiederholen

- Kirtan/Mantren/den Namen Gottes singen

- sich verneigen vor dem Göttlichen, ganz konkret vor Statuen oder Bildern von Gott

- das Darbringen von Blumen

- die rituelle Verehrung in Form von Zeremonien

- sich zu Hause einen Altar errichten und ihn pflegen

- sich in Hingabe üben, das heißt, jede Handlung Gott widmen

Über diese Handlungen geht der Suchende ganz im Herzen Gottes auf. Selbstlosigkeit ist die natürliche Folge dieser innigen Hingabe. In diesem Prozess übernimmt das Herz ganz die Führung, der wir uns anvertrauen können.

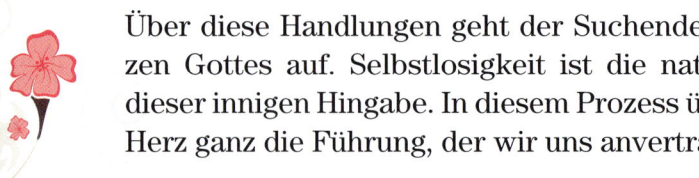

Zurück zum Pfad der Hingabe kam ich durch ein wunderschönes Video von Deva Premal und Miten mit dem Titel »The Gayatri Mantra around the world«. Es heißt, das Gayatri Mantra sei das älteste Gebet der Welt, und es bittet die höchste Gottheit um Erleuchtung für alle fühlenden Wesen. Es hat mich tief bewegt und etwas in mir wiedererweckt. Berührt von der Energie dieses Videos holte ich meine alten CDs wieder hervor. Einige Deva- und Miten-CDs befanden sich bereits in meinem Besitz. Ich besorgte mir weitere CDs auch von anderen Interpreten und höre seitdem täglich diese Musik und singe mit.

Singen ist generell eine so einfache und absolut wirkungsvolle Methode, um das Herz zu öffnen. Wenn dann wie beim Kirtan-, Mantren- oder Gospelsingen auch noch die göttliche Urkraft in allen Facetten die Hauptrolle spielt, dann ist die Wirkung auf das ganze Energiefeld noch intensiver.

Meine Freundin und Kollegin Corinna hatte sich in einem langen, mehrjährigen Prozess von ihrem Mann getrennt. Sie hatte es sich wirklich nicht leicht gemacht, lange versucht, die Ehe zu retten, und dennoch kam irgendwann der Punkt, wo sie wusste, dass sie gehen und alles hinter sich lassen musste. Es fiel ihr sehr schwer, auch das gemeinsame Haus zu verlassen, das ihre erste echte Heimat geworden war. Obwohl sich alles wunderbar fügte und sie ein wunderschönes Häuschen für sich fand, kam sie nicht los von hartnäckigen Schuldgefühlen ihrem Mann gegenüber. Da sie selbst Therapeutin war, hatte sie bereits vieles versucht, um sich von der Schuld, die schwer auf ihren Schultern lastete, zu befreien. Hilfe kam von völlig unerwarteter Seite: Eine Patientin lud sie ein, doch einmal in ihrem Gospelchor mitzusingen. Gesagt, getan. Alleine durch dieses einmalige (!) Singen konnte Corinna alle Schuldgefühle loslassen. Sie fühlte sich Gott so nahe und spürte endlich im Herzen, was sie vom Kopf her schon lange wusste: »Ich brauche keine Schuldgefühle zu haben. Alles ist gut. Ich bin geliebt und angenommen.« Es war einfach Gnade und Trost.

Der Wichtigste beim Bhakti Yoga ist, JEDE Handlung, JEDEN Gedanken, JEDES Wort dem Göttlichen zu weihen, der Urkraft darzubringen. Alles, was man tut, tut man FÜR GOTT. Das Schöne dabei ist, dass wir uns keinen Druck machen müssen, das Richtige zu denken, zu tun oder zu sagen, denn in dem Moment, wo wir beginnen, alles stets dem Göttlichen darbringen, wo Gott praktisch immer in unserem Bewusstsein ist, sind wir quasi schon am Ziel, ohne dass wir noch extra etwas dafür tun müssten. Das heißt, wir müssen uns nicht verändern, verbessern, anders sein, sondern tauchen einfach durch die Konzentration auf das Göttliche bei jeder Handlung in das Herz Gottes ein.

Konkrete Alltagstipps zur Herzöffnung

❀ Zentriere dich morgens sowohl im Bauchraum als auch im Herzen. Dann bist du über den Bauch mit deinem inneren Kraftzentrum verbunden und über das Herz direkt mit deiner Göttlichkeit.

❀ Wenn du im Alltag zwischendurch fünf Minuten Zeit hast, lege eine oder beide Hände auf dein Herz, und atme Liebe ein und aus. Du kannst dir dabei, wenn du willst, Licht vorstellen oder rosa Energie.

❀ Liebe ist nichts Abstraktes. Liebe ist kein abstraktes Konzept. Liebe ist etwas ganz Konkretes, das durch deine Handlungen Ausdruck erfahren kann. Deshalb überlege dir, welche Handlungen deinerseits wirklich Liebe widerspiegeln. Was kannst du tun, das wirklich Liebe ausdrückt?

❀ Reflektiere abends: Habe ich heute aus Liebe heraus gehandelt?

❀ Bitte mindestens 45 Tage lang jeden Tag Erzengel Chamuel und/oder Jesus/Mutter Maria, dein Herz zu öffnen.

❀ Entscheide dich morgens: Nur einen Tag, nur heute, lasse ich mein Herz offen, egal, was kommt. Morgen kann ich mich wieder neu entscheiden.

❀ Singen öffnet das Herz. Singe so viel und sooft du kannst. Mit religiösen Liedern, Gospels oder Mantren verstärkst du den Effekt immens.

❀ Widme jede Handlung, jeden Gedanken, jedes Wort dem Göttlichen. Spüre dabei, wie sich dein Herz ganz automatisch öffnet.

❀ Befrage dein Herz, beziehe es ganz konkret in Entscheidungen mit ein. Sprich mit deinem Herz über alles.

Selbstliebe

Wie können wir eine echte, tiefe Liebesbeziehung zu uns selbst entwickeln? Wir lieben alles Mögliche im Außen, wir verzeihen anderen, sind bedingungslos für unsere Kinder und Familien da ... aber sind im Verborgenen unser eigener, größter Feind! Still und heimlich führen wir einen Krieg gegen uns selbst. Wir glauben, noch nicht gut genug zu sein: Wenn wir nur weiser, gesünder, dünner, sportlicher, liebevoller, bewusster, aufmerksamer, gebildeter, engagierter, toleranter, spiritueller etc. wären, DANN wären wir richtig und liebenswert. DANN würden wir uns annehmen, DANN würden wir uns lieben. Wir glauben, dass wir an uns arbeiten und uns verbessern müssen, um von unseren Mitmenschen akzeptiert zu werden oder –noch tiefer – um von Gott für gut befunden zu werden, um die Absolution zu erhalten. Aber das ist unglaublich anstren-

gend, oft sind wir vollkommen erschöpft davon, anders sein zu wollen, besser sein zu müssen, als wir es jetzt gerade sind. Natürlich spielt unsere kulturelle und familiäre Prägung da sehr stark mit hinein. Vom ersten Moment unseres Lebens an lernt jeder von uns, was richtig und was falsch, was erlaubt und was ein No-Go ist, wie ich sein muss, damit ich angenommen bin und dazugehören darf. Alle Regeln, Vorschriften, Urteile und Dogmen haben wir verinnerlicht, ob es uns bewusst ist oder nicht. Wenn wir uns selbst wertschätzen, wird das von anderen schnell als Egoismus ausgelegt. In unserer Gesellschaft gibt es keine Kultur der Selbst-Wertschätzung. Wir können da meist nicht auf anerzogene Gewohnheiten zurückgreifen, sondern dürfen unsere Grenzen selbst erweitern. Aber im Grunde ist das alles ganz einfach: Denn wenn ALLES im Universum aus bedingungsloser, göttlicher Liebe, der Ursubstanz, besteht, dann sind auch wir aus dieser Liebe gemacht und ein Teil davon. Die logische Folge ist, dass wir, wenn wir aus dieser Liebe bestehen, auch diese Liebe SIND. Alles, was ich bin, Licht und Schatten, Stärken und Schwächen, besteht aus dieser EINEN Ursubstanz. Auch alle negativen Dinge, Eigenschaften, Situationen sind aus dieser bedingungslosen Liebe gemacht. Nichts an uns ist falsch!

Paradox: Obwohl es so aussieht, als hättest du Fehler und Schwächen, bist du genau jetzt bereits vollkommen, heil und ganz. Nichts muss sich ändern.

Unsere eigene göttliche Natur wirklich auf einer tiefen Ebene anzunehmen, zu erkennen, ICH BIN LIEBE, und es auch zu fühlen, das ist der Schlüssel. Du musst kein anderer werden als der, der du jetzt schon bist. Wir können gar nichts anderes sein als der Stoff, aus dem wir gemacht sind, es ist gar nicht möglich. Wenn wir also wissen, dass wir Liebe sind, dann können wir einfach unsere wahre Natur zum Ausdruck bringen und uns selbst treu bleiben. Indem wir uns selbst treu bleiben, bringen wir die göttliche Liebe in die Welt. Je mehr wir uns selbst annehmen und uns zum Ausdruck bringen, desto deutlicher sichtbar wird die Ursubstanz in der Welt und berührt und inspiriert andere. Der Zustand der Perfektion ist bereits erreicht, wir sind perfekt, genau so, wie wir jetzt sind.

Es ist ganz natürlich, dass ich als Erstes gut für mich selbst sorgen, mich nähren und versorgen darf. Dazu gehört, liebevoll und respektvoll auf alles, was ich bin, zu schauen. Die urteilsfreie Betrachtung meiner selbst befreit mich von allem Leiden, das ich bisher durch andere erfahren habe, wenn ich mich abgelehnt, ausgegrenzt, nicht gut genug, verletzt oder verurteilt gefühlt habe. Welche Erlösung, dass wir nichts mehr tun müssen, um uns Liebe zu verdienen!

Das Herz-Gewahrsein

Je mehr dein Herz erwacht, desto mehr möchtest du die Liebe, die du dort fühlst, mit anderen teilen und ganz aus dem Herzen heraus leben. Das Aus-dem-Herzen-heraus-Leben möchte ich als »Herz-Gewahrsein« bezeichnen.

Herz-Gewahrsein heißt, in das Herz hineinzusinken, dort gewahr und präsent zu sein und von dort aus alles zu betrachten, was ich selbst tue und was mir widerfährt. Es ist sowohl eine Perspektive als auch ein urteilsfreies Wahrnehmen/Fühlen, das der göttlichen Liebe im Herzen entspringt. Man könnte auch sagen, es ist ein Zu-Hause-Sein, während man sich durch die Dualität bewegt.

Herz-Gewahrsein entsteht ganz einfach dadurch, dass ich mit meiner Aufmerksamkeit ins Herz eintauche, bis dorthin, wo ich die zeitlose, urteilslose und liebevolle Präsenz spüre und wahrnehme, und es mir immer leichter fällt, in dieser Wahrnehmung zentriert zu bleiben, das heißt, sie aufrechtzuerhalten. Dieses Gewahrsein entspricht unserer wahren Natur, es ist immer da, muss nicht erreicht werden, es geht nur darum, sich dessen bewusst zu sein. Wenn du aus diesem Gewahrsein heraus deinen Alltag lebst, dann ändert das vieles für dich. Probleme lösen sich von selbst, Menschen, die unfreundlich oder garstig zu dir waren, sind auf einmal zuvorkommend, und während manches einfach aus deinem Leben verschwindet, öffnen sich wie von Geisterhand neue Türen, und Gelegenheiten ergeben sich wie aus dem Nichts. Du spürst, dass du wieder mit dem Strom des Lebens in Verbindung bist und von einer unsichtbaren Intelligenz geführt wirst. Vieles wird müheloser, einfach so, ohne dass du etwas dafür tun musst.

Paradox: Obwohl das Herz-Gewahrsein immer da ist und nichts getan werden muss, ist es hilfreich, wenn du übst, darin präsent zu sein.

Es ist sehr sinnvoll, dieses Gewahrsein zu üben, weil wir gewohnt sind, diese subtile, stille und leise Wahrnehmung zu übersehen. Wir können immer wieder im Alltag kurz innehalten und diese Präsenz spüren.

Mit Herz-Kraft leben

Das Wort »Herz-Kraft« habe ich bei meiner lieben Freundin Sonja Ariel von Staden als einen Ersatz für das Wort »Leidenschaft« gehört. Und tatsächlich hat Herz-Kraft für mich eine erhebende Schwingung, wohingegen Leidenschaft auch negativ besetzt sein kann.

Entdecke deine Herz-Kraft – ganz konkret

Stelle dir folgende Fragen:

❀ Was bringt dein Herz zum Singen?

❀ Was bringt Freude und Lachen in dein Leben?

❀ Was liebst du zu tun, was liebst du zu sein?

❀ Wobei geht dein Herz ganz natürlich und selbstverständlich auf?

❀ Worin besteht deine Einzigartigkeit, was kannst du besonders gut?

❀ Was macht dich in deiner Tiefe wirklich aus?

❀ Was ist das Geschenk, das nur du in die Welt bringen kannst?

❀ In welchen Tätigkeiten gehst du so auf, dass du Raum und Zeit völlig vergisst?

❀ Wann fühlst du dich richtig lebendig und wie das blühende Leben selbst?

❀ Was macht dich einfach glücklich?

❀ Wann fühlst du dich wirklich frei?

Mit Herz-Kraft zu leben heißt für mich, anzuerkennen, dass wir alle einzigartig sind, und sich selbst zu erlauben, diese Großartigkeit zum Ausdruck zu bringen. Jeder von uns ist ein Teil des großen Ganzen, und jeder einzelne Part ist wichtig. Wenn wir aufhören können, es anderen recht machen zu wollen oder so sein zu wollen, wie wir glauben, dass andere uns haben wollen, dann geschieht Befreiung. In deinem Herzen ist ALLES zu finden, alles, was du bist, alles, was du dir wünschst, alle Antworten auf alle Fragen, die du dir je stellen könntest. Du brauchst dich nur dorthin zu wenden, gewahr und aufmerksam im Herzen zu sein, und schon bist du zu Hause.

Erlaube dir, das zu leben, in eine Form zu bringen und auszudrücken, was du WIRKLICH bist. Lasse dein Licht scheinen, und warte nicht darauf, dass jemand dir die Erlaubnis dafür gibt. Stehe dir nicht länger selbst im Weg, sondern gib dir die Genehmigung. Befreie dich von Einschränkungen. Warum sollte die Urkraft uns alle als einzigartig erschaffen haben, um uns dann einen Weg vorzuschreiben, wie wir zu sein und welche Regeln wir einzuhalten haben? In dem Moment, da wir unsere Einzigartigkeit fühlen und leben, fallen automatisch Konkurrenzdenken und Leistungsdruck von uns ab. Wir geben dann auch die anderen frei, lassen sie sie selbst sein. Die Auswirkungen sind enorm: Das Bedürfnis nach Kontrolle über andere wird überflüssig, jeder kann sich frei und ohne Angst zum Ausdruck bringen … Frieden ist die logische Folge und das Ende von Streit, Depression und Mangel in jeglicher Form.

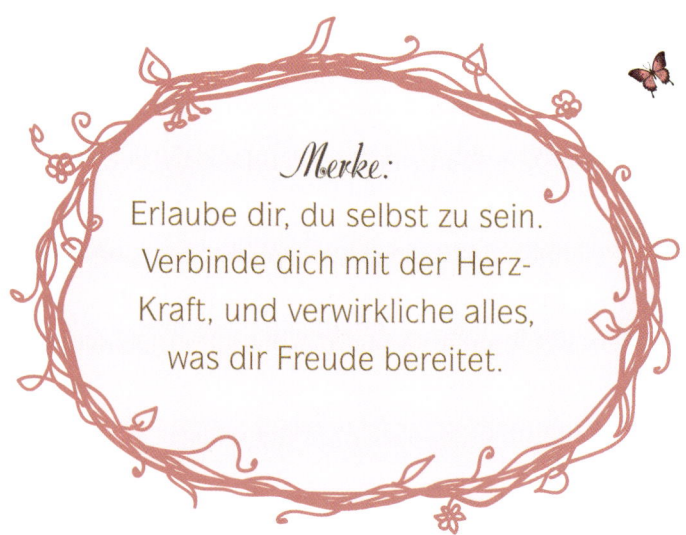

Merke:
Erlaube dir, du selbst zu sein.
Verbinde dich mit der Herz-
Kraft, und verwirkliche alles,
was dir Freude bereitet.

Aufgrund unserer Prägung glauben wir, uns anstrengen und Tätigkeiten ausführen zu müssen, die uns keine Freude bereiten. Hast du die Fragen oben beantwortet, welche Tätigkeiten deine Herz-Kraft zum Vorschein bringen, und dann festgestellt, dass du für sie kaum Zeit hast? Dann gehe zurück auf Seite 51, und finde die negativen Glaubenssätze, die dir einreden, das Leben müsse schwer sein und für Geld müsse man hart arbeiten. Nimm dein Geburtsrecht an! Die göttliche Urkraft hat seine Schöpfung aus reiner Freude erschaffen, und deshalb ist es unsere Aufgabe, tiefe Freude am Leben selbst auszudrücken, jeder von uns auf seine einzigartige Weise. Ganz praktisch gesprochen: Räume diesen Tätigkeiten, die du auf die Fragen oben hin herausgefunden hast, höchste Priorität ein!

Stille – die Sprache Gottes

*E*s stellt eine gewisse Herausforderung dar, ein Kapitel über Stille zu schreiben, denn eigentlich müssten ein paar leere Seiten folgen, um als Sinnbild für Stille zu stehen. Stille ist aus meiner Sicht so wichtig und essenziell, dass ein eigenes Kapitel dafür nötig ist. Denn wir leben in einer hektischen, lauten und »schrillen« Zeit, in der unsere Sinne ständig überreizt werden. Stille im Alltag ist nur schwer zu finden. Zudem sind wir immer abrufbereit, verfügbar und, seit sich die Smartphones ausgebreitet haben, auch überall via E-Mail, Facebook, WhatsApp etc. zu erreichen. Im Kapitel über das Hier und Jetzt habe ich ja bereits beschrieben, wie das dazu führt, dass wir keine Zeit mehr haben. Noch mehr werden allerdings unsere Präsenz und unsere Aufmerksamkeit davon aufgezehrt, und Gegenwärtigkeit kommt kaum zustande.

Aber nicht nur Ablenkung und Lärm von außen, sondern vor allem auch das endlose Rotieren der Gedanken verhindern die Wahrnehmung des reinen Seins, unserer wahren Natur. Das Gedankenkarussell lädt immer wieder zum Einsteigen und Abheben ein, bei vielen Menschen an 24 Stunden am Tag, sieben Tage die Woche. Ja, sie können selbst im Schlaf nicht richtig abschalten, der Denkapparat läuft ohne Unterlass weiter. Viele Menschen leben sozusagen auf Autopilot geschaltet, denn ihr Denken hat sie voll im Griff. Das Karussell im Kopf beurteilt, kommentiert, lehnt ab, wägt ab, verteidigt sich, vergleicht und ist unablässig dabei, »seinen Senf dazuzugeben«. Wenn wir dem Denken nicht Einhalt gebieten, dann bleiben wir im Ego gefangen. Endlos plappert es und bildet die Illusion der Trennung zwischen uns und unserem göttlichen Kern, der Essenz. Durch das Denken und die Identifikation damit kommt es zur Abtrennung des Ichs. Auch beim erwachten Menschen erscheinen Gedanken, aber er identifiziert sich nicht mit diesen. Wenn ich mich nicht mit einem Gedanken identifiziere, dann zieht er einfach weiter, denn er findet nichts in mir, woran er sich festmachen kann, nichts, woraus er eine Geschichte bilden könnte. Erst durch die Identifikation mit den Gedanken erhalten wir das Verständnis von uns als getrennte Person, als Individuum, als ICH, das nicht eins mit dem Lebensstrom ist. Je mehr wir erwachen, desto stärker nehmen wir uns als Teil des großen Ganzen wahr, desto mehr fühlen wir die Einheit.

Um also in die Stille der göttlichen Essenz einzutauchen, ist es nötig, den Raum jenseits der Gedanken wahrzunehmen. Die Stille ist immer da und im Kern jeder materiellen Erscheinungsform enthalten. Kennst du diese Stimme des Egos in dir, die dich rügt, alles kommentiert, was du machst, und vor allem alles besser weiß? Zwischendurch lässt sie von dir ab und konzentriert sich auf jemanden im Außen, den sie ablehnen, kritisieren oder dem sie sich unterlegen fühlen kann. Manchmal beißt sich das Ego richtig fest, beobachtet mit Argusaugen, was der Partner, die Mutter, der Kollege, das Kind oder der Nachbar gerade macht, ob die entsprechende Person alles richtig macht, oder ob du vielleicht von ihr abgelehnt wirst, ob

sie dich nicht mag, ob du etwas in ihren Augen falsch gemacht hast. Merkst du es? Es ist wie ein Gefängnis, und der Wärter ist die endlose Litanei deiner Beurteilungen im Kopf. Da wir Menschen jedoch unseren gesamten Selbstwert aus Beurteilungen und Vergleichen ziehen, könnte man sagen, dass wir süchtig nach Urteilen sind, weil wir durch sie unser Selbst definieren. Wer bin ich? Bin ich schön, intelligent, schnell, durchsetzungsfähig, friedlich, smart, geschickt, erfolgreich, vollkommen, dünn, ebenbürtig, zart, bescheiden, fröhlich, talentiert, diszipliniert, gesund, standhaft, gelassen, sexy? Wir glauben, dass diese Bezeichnungen UNS ausmachen, das, was wir SIND. Wenn wir aufhören würden, zu bewerten, wäre das das Ende unseres Egos, weil wir dann NICHTS mehr wären. Es würde sich so anfühlen, als wäre es unser Tod, dabei stürbe nur das falsche Selbst. Wer bist du, wenn alles wegfällt? Was bleibt übrig, wenn du alle Urteile einfach loslässt? Befreie dich aus dem Gefängnis des Urteilens!

Bitte verwechsle Denken nicht mit Intelligenz. Die gesamte Schöpfung ist mit einer unglaublichen Intelligenz durchwoben, die jenseits der begrenzten Möglichkeiten unseres Verstandes liegt. Keine Sorge also, du würdest ohne das pausenlose Denken »verdummen«, denn das Gegenteil ist der Fall: Sobald der Verstand in den Hintergrund rückt, tritt mehr und mehr die göttliche Intelligenz und Genialität in dir hervor. Inspirationen und Einsichten gelangen dann viel leichter in deinen Geist, der offen und empfänglich geworden ist, weil der begrenzte Verstand kein Hindernis mehr darstellt.

Das Geplapper der Gedanken beenden – ganz konkret

❀ Wie immer besteht der erste Schritt darin, die Absicht zu haben, das Gedankenkarussell mehr und mehr zu beenden, auch wenn du noch nicht weißt, wie das funktionieren soll. Das Universum reagiert immer auf deine Absicht und wird dir klar den Weg weisen.

❀ Konzentriere dich auf deinen Atem. Nimm ihn wahr, und folge ihm absichtslos mit deiner Aufmerksamkeit, ohne zu bewerten oder zu urteilen.

❀ Beobachte dein Denken, so, als wärst du außerhalb von dir, stündest zum Beispiel hinter dir. Beurteile nichts, sondern beobachte nur. Springe nicht auf den Zug der Gedanken auf, sondern sei Zuschauer.

❀ Finde die anfangs kleinen Lücken zwischen den einzelnen Gedanken. Beobachte, wo genau ein Gedanke herkommt. Indem du nach seinem Ursprung suchst, hat der Gedanke bereits Macht über dich verloren. Die Lücken zwischen den Gedanken sind erfüllt von einem Gefühl der Liebe, der Ruhe und des Frieden.

❀ Die Wiederholung von Mantras hilft, den Verstand auszuschalten.

❀ Singe! Singen ist nicht nur ein Lebenselixier, sondern trägt auch dazu bei, das Denken zu verlangsamen und in den Raum der Stille einzutreten, der auf die Töne folgt. Probiere es aus.

Sobald du dein Denken beobachten kannst, löst du dich aus der Identifikation mit »Ich bin das, was mein Denken mir vorgaukelt«. Es hat nicht länger Macht über dich, und die »Gefängnistore« öffnen sich. Mehr und mehr nimmst du wahr, was jenseits des zwanghaften Denkens existiert. Dort wartet seit ewigen Zeiten dein wahres, in sich ruhendes Selbst. Es ist still und erfüllt von Frieden. Es ruht in sich selbst und ist gleichzeitig lebendiger als alles, was du bislang erlebt hast.

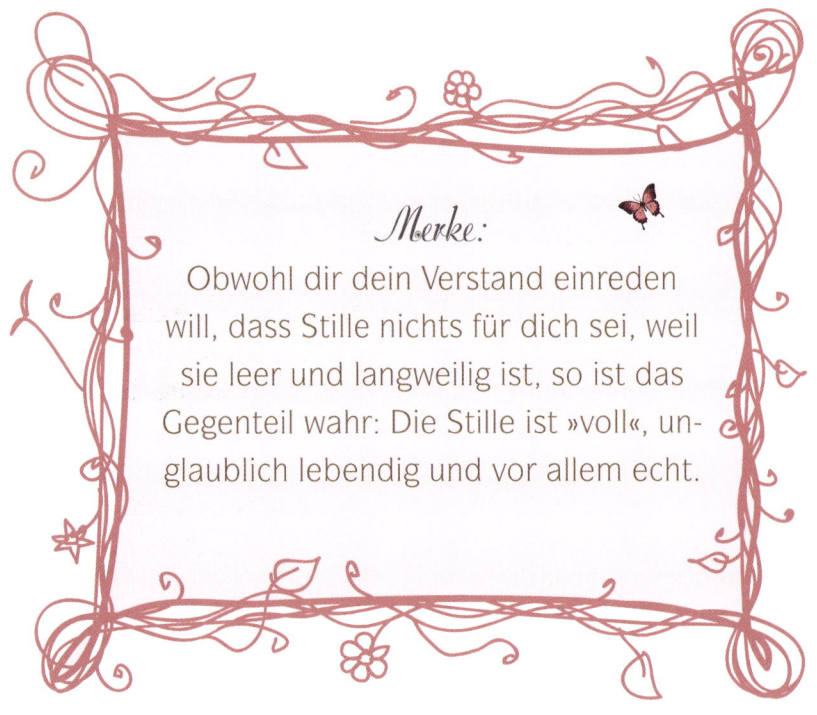

Merke:

Obwohl dir dein Verstand einreden will, dass Stille nichts für dich sei, weil sie leer und langweilig ist, so ist das Gegenteil wahr: Die Stille ist »voll«, unglaublich lebendig und vor allem echt.

»Wieso ist Stille echt«, fragst du? Stille, die aus der Tiefe deines Seins aufsteigt, spiegelt deine göttliche Essenz wieder. Dein Verstand hingegen weilt in der Vergangenheit und in der Zukunft, wo er sich aus Interpretationen über dich, über die Wirklichkeit, über das Leben speist, die alle unecht, unwahr, gelogen, fehlinterpretiert, nicht wirklich sind. Vergiss nie, es sind alles nur Interpretationen! Oder kannst du dir zu 100 Prozent sicher sein, dass dich Person XY wirklich beleidigen wollte und dich für inkompetent hält, nur weil sie jemand anderem die Aufgabe übertragen hat? Kannst du wirklich zu 100 Prozent sicher wissen, dass du ein Versager bist, nur weil das Projekt gescheitert ist? Bist du zu 100 Prozent sicher, dass alle Frauen Lügnerinnen sind? Weißt du wirklich ganz genau, dass deine Kollegin schlecht über dich geredet hat, dir in den Rücken gefallen ist und noch dazu alle gegen dich aufgehetzt hat? Bist du dir wirklich zu 100 Prozent sicher, dass das Geschrei deiner Kinder bedeutet, du seist eine schlechte Mutter? Ist es zu 100 Prozent sicher, dass die schlechte Note deines Sohnes etwas über seine Intelligenz und seine Fähigkeiten aussagt?

Byron Katie beschreibt in ihrem Buch »Lieben was ist«, wie du anhand von vier Fragen jeden Gedanken hinterfragen und so erkennen kannst, dass jeder Gedanke eben nur eine Annahme, eine Interpretation ist und nicht die Wahrheit. Sehr wertvoll und sehr zu empfehlen!

Warst du schon einmal in einem Konzert von Deva Premal? Am Ende eines jeden Liedes wird bewusst nicht geklatscht, sondern die Stille nach oder hinter den Tönen

wahrgenommen. Ein sehr erhebendes Erlebnis! Tauche, sooft es geht, auch äußerlich in die Stille ein. Am leichtesten gelingt dies in der freien Natur, im Wald, auf einem Berg, an einem See oder am Meer. Lasse dich von einem atemberaubenden Sonnenuntergang bezaubern, lasse dich von Mutter Erde in die stille Göttlichkeit hineinführen. Setze dich unter einen Baum, und lausche dem Unhörbaren. Schaue aufs Meer hinaus, und nimm das Unsichtbare wahr. Betritt den heiligen Raum der Stille dann auch immer häufiger in deinem Alltag, denn du weißt ja, dieser Raum ist immer da, auch bei großem Lärm im Außen. Nur ist es für uns dann natürlich ein wenig schwieriger, dorthin zu gelangen.

Es stellt sich nun natürlich die Frage, ob denn der Verstand zu gar nichts zu gebrauchen ist. Obwohl wir im Laufe des Erwachens immer mehr in den Bereichen von »No mind«, also ohne Gedanken sind, werden wir für alltägliche Dinge immer noch Denkprozesse nutzen, wissen aber, dass wir nicht unser Denken sind. In dem Sinne kann man sagen, dass ich das Denken nutze, aber ich mich nicht mehr so wie früher, als ich unbewusst folgte und mich damit identifizierte, von ihm BENUTZEN lasse.

Wie oft? Täglich

*E*ine meiner Klientinnen stellte mir folgende Frage: »Wenn ich doch schon perfekt bin, wenn alles richtig ist, wenn ich göttlich bin, warum sollte ich täglich etwas dafür tun müssen?« Ja, der Einwand ist absolut gerechtfertigt. Und der einzige Grund dafür ist, dass wir darauf trainiert und so konditioniert sind, unsere Göttlichkeit eben NICHT wahrzunehmen, sondern in Angst, Misstrauen und Zweifel zu leben. Ob wir unsere Göttlichkeit wahrnehmen oder nicht, ist am Ende nicht mehr als eine Frage der Aufmerksamkeit oder des Gewahrseins. Das ganze »Spiel des Lebens« in der dritten Dimension ist nicht automatisch darauf ausgelegt, dass wir unsere Vollkommenheit leicht wahrnehmen können, sondern, wie wir schon gesehen haben, ist Maya, die Illusion, gewollt. Aber wir können bestimmte Dinge nutzen, um leichter auf die Wahrheit ausgerichtet zu bleiben.

Paradox: Obwohl du heilig, ganz und göttlich bist und es schon immer warst, musst du täglich trainieren, dessen gewahr zu sein, da die dreidimensionale Welt deine Aufmerksamkeit automatisch in die Sichtweise der Trennung zieht.

Oft passiert Folgendes: Wir lesen ein Buch oder besuchen einen Kurs, wir haben Erkenntnisse, erleben Durchbrüche, wir fühlen unsere Ganzheit, wir lieben mit offenem Herzen und sind verliebt in das Leben selbst. Alles ist wunderbar. Nun hält dieser Zustand vielleicht zwei Wochen, fünf Tage oder sogar nur ein paar Stunden an, und dann verfallen wir wieder in den herkömmlichen Trott. Wenn wir also tagtäglich weiter in unserem Trott leben, mit der gleichen Einstellung und Haltung, der gleichen Geisteshaltung, dann läuft das Leben auch weiterhin nach dem gleichen Schema ab. Nicht selten beschuldigen die Menschen dann die Kurse, die Bücher oder die Lehrer, dass diese ihnen nichts Nachhaltiges vermitteln konnten. Tatsache ist aber: Nachhaltig dürfen wir es selbst machen, indem wir das vermittelte Wissen nutzen, uns dessen bewusst sind und die Übungen, die uns helfen, auch wirklich machen!

Wie kannst du also deine Schwingung bewusst hoch halten? Sicher helfen dir viele der Übungen aus diesem Buch oder andere, die du bereits kennst. Zudem ist es wichtig, den Tätigkeiten Priorität einzuräumen, die dein Herz singen lassen und dir Freude am Sein bringen. Die Rechnung ist ganz einfach: Wenn du deinen Tag mit einer Tätigkeit ausfüllst, die dir zwar Geld bringt, aber überhaupt keinen Spaß macht und dich mit Menschen oder Themen in Kontakt bringt, die dir nicht guttun, dann zieht es deine Energie ab.

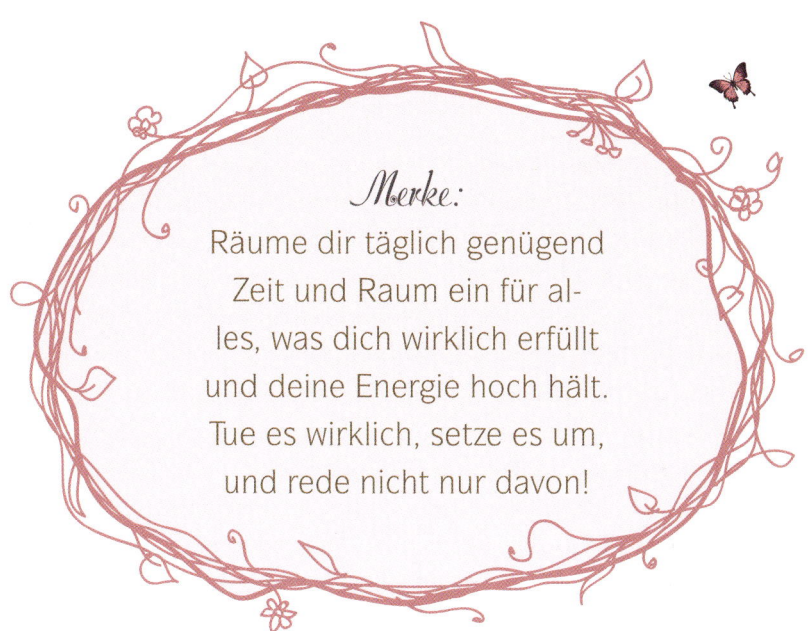

Die Menschen sind sehr unterschiedlich. Die einen profitieren von einem festen, täglichen »Programm«, das vielleicht einer alten Tradition wie zum Beispiel dem Yoga folgt. Andere fühlen sich von einem starren System eher beengt als unterstützt. Es gibt keinen allgemeingültigen Pfad, der für alle Menschen gilt. Finde deinen eigenen Weg, entdecke die Formel, die für dich funktioniert.

Bist du ein Mensch, der eher Struktur braucht, dann stelle dir ein passendes Programm zusammen. Bewährt hat sich hierbei vielfach eine Kombination aus Atemübungen, Meditation, Herzöffnung und Körperübungen. Das Minimum an Zeit, dass du dir dafür einräumen solltest, sind 15 Minuten, und gerne kannst du es auch auf 60 Minuten ausweiten. Das Programm erfüllt den Sinn, deine Energie hoch zu halten und deine Verbindung zur Urkraft, die immer besteht, bewusst ZU FÜHLEN, dir dessen gewahr zu sein. Bewährt haben sich die Morgenstunden gleich nach dem Aufstehen, um den Tag in Bewusstheit zu starten. Aber auch abends vor dem Einschlafen ist ein guter Zeitpunkt, um bewusst loszulassen und sich frei zu machen von allem, was uns nicht mehr guttut. Da wir Menschen »Gewohnheitstiere« sind, profitieren wir von festen Abläufen, die klar strukturiert und zu festen Zeiten in den Tagesablauf eingebettet sind. Wenn zum Beispiel das Herz-Gewahrsein so natürlich und selbstverständlich wie das Zähneputzen geworden ist, dann lebst du dein tägliches Leben auf einer ganz neuen Ebene von Frieden, Gelassenheit, Segen und innerer Fülle.

Wenn du ein Mensch bist, der viel Freiheit braucht und sich gegen starre Strukturen wehrt, dann wirst du ein festes Übungsprogramm schnell boykottieren und dann womöglich ärgerlich über dich selbst sein, weil du wieder einmal nicht eisern durchgehalten hast. Gib dich bitte frei, und sei liebevoll mit dir. Statt eines eisernen Plans darfst du dir die Freiheit geben, ganz flexibel Übungen und Meditationen durchzuführen oder Bewusstseinserweiterung zu üben. Einziger Fixpunkt sollte sein, dass du TÄGLICH etwas tust, es braucht aber eben nicht immer das Gleiche zu sein. Hier hat es sich bewährt, eine Liste zu schreiben, die immer wieder ein Update erfährt mit verschiedenen Tätigkeiten und Übungen, die dir guttun. Dann kannst du ganz flexibel entscheiden, was dich gerade jetzt anspricht, dir Spaß macht und dich ins Hier und Jetzt und in die Wahrnehmung deiner Göttlichkeit bringt.

Ein wichtiger weiterer Schlüssel ist, einfache Übungen, die deine Energie hoch halten, in tägliche, bereits vorhandene Abläufe einzubauen. Zum Beispiel kannst du während des Zähneputzens im Bad in den Spiegel schauen und liebevolle Aussagen über dich im Geiste machen wie »Ja, ich bin ein geliebtes Kind Gottes«, »Ich liebe mich, so, wie ich bin«, »Ich bin richtig, so, wie ich bin« etc. Wenn du deine Übungen in vorhandene Abläufe einbaust und stetig wiederholst, dann schaffst du Verknüpfungen und automatisierst die Übungen. Bald musst du gar nicht mehr bewusst an die Übungen denken, sondern im obigen Beispiel genügt alleine der Anblick der Zahnbürste, um dich in die wohlige Stimmung der Selbstliebe zu bringen. Hier wurde das Zähneputzen verknüpft mit den positiven Affirmationen zur Selbstliebe.

Tanja, eine meiner Klientinnen und eine Mama von zwei kleinen Kindern, hatte zum Beispiel für sich die Technik entdeckt, Liebe ins Herz ein- und auszuatmen, wenn sie täglich mit dem Kinderwagen zum Kindergarten marschierte. Auch andere kleine Fünf-Minuten-Nischen nutzte sie spontan dafür, wenn sie sich ergaben.

Eine ganz wichtige Nische ist das WARTEN in allen möglichen Formen: an der Kasse im Supermarkt, im Auto beim Abholen der Kinder von Schule oder Sport, auf den Rückruf des Bankers, an der Ampel, bis die Waschmaschine fertig ist, bis sich dein Kind angezogen hat etc.

Wenn du viel im Auto unterwegs bist, dann schalte das Radio ab, und besorge dir positive Hörbücher oder herzöffnende Musik, anstatt dich durch das Radio in die weltlichen Dramen verstricken zu lassen. Wie sieht es aus beim Bügeln? Du kannst dir dabei wundervolle Musik anhören, eine Meditations-CD laufen lassen, Bewusstheit üben und ganz präsent sein etc. Und schon wird eine Routineaufgabe zur spirituellen Übung.

Merke:
Nutze die Fünf-Minuten-Nischen und die Routinetätigkeiten im Alltag ganz bewusst, um deine Energie hoch zu halten!

Es ist schade, dass fast jeder heutzutage die Fünf-Minuten-Nischen am Handy verbringt, denn in ihnen liegt wirklich großes, ungenutztes Potenzial.

Zu 100 Prozent die Verantwortung übernehmen

Du kannst dir dein ganzes Leben, alles, was dir widerfährt, was du erlebst, was du verwirklichst, als einen gigantischen Spiegel deines Bewusstseins vorstellen. Für ALLES, was dir passiert, trägst du zu 100 Prozent die Verantwortung. Denn alles im Außen spiegelt dir nur dein Bewusstsein, deine Gedanken, deine Überzeugungen, deine Ängste und deinen Glauben im Inneren wieder. Tatsächlich begegnest du überall nur DIR selbst! Solange wir unbewusst sind, werden wir das natürlich vehement abstreiten. »Wie soll ICH verantwortlich dafür sein, dass mir die Tasche gestohlen wurde/mir der Job gekündigt wurde/ich von meinem Partner verlassen wurde/ich diese erblich bedingte Krankheit habe/ich immer wieder Pech habe/mich eben keiner mag/ich nicht schwanger werde etc.? Nein, der Nachbar/die Gene/mein Chef/meine Eltern sind schuld, schuld ist auch mein Freund, der mich hintergangen hat, und ebenso meine Tante Hilde und die Sternenkonstellationen bei meiner Geburt.« Willkommen im Club der Opfer! Willst du das erkennen, oder triffst du dich lieber mit anderen Opferspielern, meldest dich an in Foren oder Gruppen, wo gemeinsam gejammert und bemitleidet, das Übel in der Welt angeprangert wird und alle möglichen Schuldigen ausfindig gemacht werden? Salbungsvoll wird sich gegenseitig das Opfersein bestärkt, und alle halten zusammen. Außer einer bricht aus, weil er genug davon hat, und nimmt sein Leben in die Hand. Dann wird er nicht selten von seinen früheren Opferkumpanen verhöhnt, verurteilt oder angegriffen. Zu groß ist die Bedrohung des Status quo. »Wer oder was bin ich OHNE meine Opferrolle?«, fragst du dich, denn sie begleitet dich schon seit frühester Kindheit, vielleicht sogar schon seit vielen früheren Leben, sie ist fest in dir eingemeißelt. »Ich verliere alles ohne diese Rolle«, schreist du auf. Und keine Sorge, ich kann dich gut verstehen, denn ich kenne die Opferhaltung bestens aus eigener Erfahrung. Obwohl ich also mit dir fühle, weiß ich, dass Mitleid so ziemlich das Schlechteste ist, das ich dir geben kann. Viel mehr profitierst du von einem liebevollen Tritt in den Hintern kombiniert mit der klaren Aussage, dass kein Fortschritt möglich ist, solange du diese grundsätzliche Verantwortung nicht angenommen hast. Entscheide dich einfach jetzt, hier und heute, dafür, dass du dich völlig befreist, indem du nun ALLES, was dir begegnet, als Teil deiner eigenen Gedanken, Gefühle und Überzeugungen anerkennst. Es ist deine Geisteshaltung, die dir im Außen begegnet. Warum ist das so?

Paradox: Obwohl du ein Ereignis als etwas im Außen erlebst, findet es eigentlich im Innen statt, denn alles spiegelt dein geistiges Innenleben. Innen und außen sind eins, ebenso oben und unten. Alles ist EINS.

Materie entsteht aus dem Geistigen. Das Bewusstsein, der Geist, der Gedanke ist immer zuerst da, bevor sich daraus dichte Stofflichkeit bildet. Die ganze Welt, das Leben ist ein greifbarer AUSDRUCK von göttlichem Bewusstsein.

Manche sagen, Gott träumt, und wir sind die Figuren in seinem Traum. Ohne den Geist gäbe es keine Materie. Ohne die Seele gäbe es keinen physischen Körper, was du unschwer erkennen kannst, wenn beim Tod die Seele den Körper verlässt. Seele/Geist/Bewusstsein/Sein ist also der Ursprung von allem Sichtbaren und allem Unsichtbaren. Da wir nach dem Ebenbild Gottes erschaffen sind, leben wir einerseits in SEINEM Traum und gleichzeitig auch in unserem Traum innerhalb seines Traumes. Das heißt, alles, was ich sehe, ist ein Abbild meines Geistes/Bewusstseins, sprich meiner Gedanken. Wenn mich mein Kollege wegen einer Kleinigkeit niedermacht, dann habe ich in mir selbst entweder eine Neigung, andere niederzumachen (direkter Spiegel), oder die Überzeugung, dass ich nicht gut genug bin, und warte unbewusst darauf, dass mich andere zurechtweisen (indirekter Spiegel). Es ist vielleicht nicht ganz leicht, das zu akzeptieren, aber dabei handelt es sich tatsächlich um ein wundervolles Geschenk, denn so ist es uns möglich, dass wir uns selbst praktisch in jedem Moment selbst erkennen, einfach dadurch, indem wir wahrnehmen, was um uns herum passiert. Auch unser Auto, unser Körper, die Wohnung, unser Smartphone etc. spiegeln unseren eigenen Geisteszustand wieder. Was funktioniert denn nicht an deinem PC? Was will dir das zeigen? Vor Kurzem brauchte mein Handy plötzlich immer länger zum Aufladen. Ich dachte, das sei eine normale Gebrauchserscheinung, und machte mir nicht weiter Gedanken darum. Als ich dann ein paar Tage während einer Auszeit in einem Yoga-Ashram bemerkte, dass es dort auf einmal sehr schnell wieder auflud, sah ich den Zusammenhang immer noch nicht, sondern zog die

Schlussfolgerung, dass es vielleicht an der Steckdose zu Hause liegen könnte. Wieder zu Hause behielt es jedoch auch an besagter Steckdose die schnelle Ladegeschwindigkeit bei. Erst dann fiel es mir wie Schuppen von den Augen: Ich selbst hatte mich wieder regeneriert und aufgetankt. Mein Handy hatte mir schon länger sagen wollen: »Achte besser auf dich, ruhe dich aus, lade deine Energiespeicher wieder auf.« Das war wieder ein Beispiel für eine direkte Spiegelung. Wenn dir zum Beispiel Geräte öfters Probleme bereiten, könnte es die indirekte Spiegelung eines Glaubenssatzes sein wie »Ich mag keine technischen Geräte, ich bin im Umgang mit ihnen ungeschickt«. Die Geräte antworten dann auf die von dir ausgesandte Energie und reagieren mit »Fehlern«.

In dem Moment, wo du also beginnst, dich selbst in ALLEM zu erkennen, bringst du Licht in das Dunkel deines Unbewussten, denn das meiste, was sich dir zeigt, spiegelt bislang noch unbewusste Gedankenmuster, Ängste oder Überzeugungen.

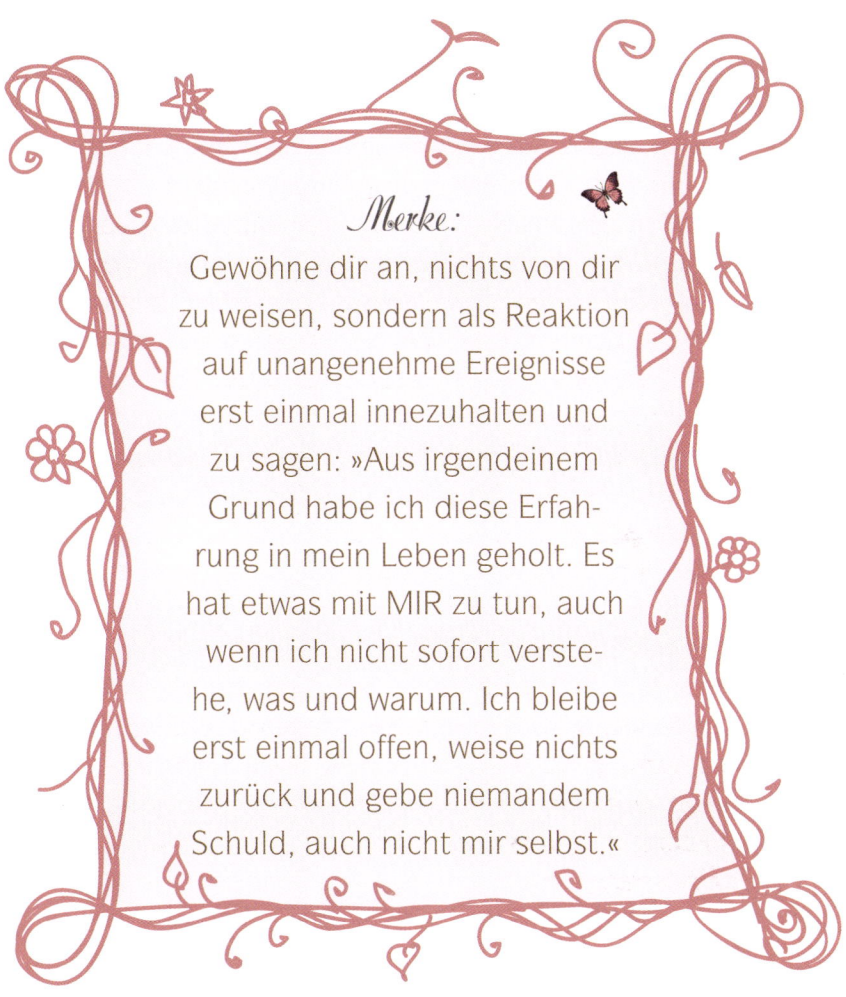

Merke:

Gewöhne dir an, nichts von dir
zu weisen, sondern als Reaktion
auf unangenehme Ereignisse
erst einmal innezuhalten und
zu sagen: »Aus irgendeinem
Grund habe ich diese Erfahrung in mein Leben geholt. Es
hat etwas mit MIR zu tun, auch
wenn ich nicht sofort verstehe, was und warum. Ich bleibe
erst einmal offen, weise nichts
zurück und gebe niemandem
Schuld, auch nicht mir selbst.«

Generell hilft es, in eine offene, interessierte, spielerische und neugierige Haltung zu gehen: »Was habe ich mir denn da wieder für eine Komödie/ein Drama ausgedacht, dass es sich derart vor mir manifestiert und zur Schau stellt?« Wenn ich sage, dass du für alles zu 100 Prozent die Verantwortung trägst, dann möchte ich sogleich hinzufügen: Widerstehe unbedingt dem Drang, dich dafür zu verurteilen! Denn jedes Urteil katapultiert dich SOFORT in die Unbewusstheit. Unbewusstheit können wir nicht verurteilen, selbst Jesus sprach am Kreuz: »Herr, vergib ihnen, denn sie wissen nicht, was sie tun«, was so viel heißt wie: Sie sind unbewusst, nicht wissend, nicht bewusst. Wenn du dich verurteilst, wirst du wieder Opfer – Opfer deiner eigenen Verurteilung. Als Opfer aber kannst du keine Veränderung in deinem Leben bewirken.

Wir können also dankbar sein, dass das Leben uns in jedem Moment einen Spiegel vorhält. Wenn es gut läuft, haben wir da auch gar nichts dagegen, sobald es hingegen herausfordernd wird, fällt es uns schwer, dankbar zu sein. Als Reaktion auf etwas Unangenehmes wollen wir, dass sich das Außen ändert, die Umstände, die Mitmenschen, aber wie gesagt: Das funktioniert nicht. Wenn du im Bad in den Spiegel schaust, dann hilft es auch nichts, wenn du über das, was du siehst, auf den Spiegel sauer bist. Wobei ich tatsächlich einmal eine Mutter gehört habe, die ihr Kind wie folgt erzogen hat: Das Kind hatte sich an einem Tisch gestoßen, und als Reaktion sagte erst die Mutter »böser Tisch«, und das kleine Mädchen plapperte die Worte »böser Tisch« nach. Auch habe ich von Frauen gehört, sie hätten aufgehört, in den Spiegel zu schauen oder sich auf die Waage zu stellen. Das kann durchaus einmal eine sinnvolle Maßnahme sein, aber wenn man es aus Angst und Vermeidung heraus tut, dann verschiebt man das Thema nach der Vogel-Strauß-Methode nur ins Unbewusste. Dort treibt es dann seine Blüten … und kommt durch die Hintertür wieder zurück in Form von unangenehmen Erlebnissen.

Wenn du dich also dabei erwischst, dass du dich über etwas aufregst, dann halte inne, und mache dir klar, dass der Spiegel auch nichts dafürkann, wenn du morgens zerzauste Haare hast vom Schlafen. Jeder Spiegel gibt nur neutral wieder, er bildet ab, was IST, das, was da ist, in dir. Wie du es aber interpretierst, das hängt ganz von dir ab. Manche sagen, dass sie gar nicht wissen wollen, was da ist, zum Beispiel, indem sie sich nicht auf die Waage stellen wollen. Der Preis, den man für die Vogel-Strauß-Methode bezahlt, ist hoch: Schmerz, Leid und Ausgeliefertsein, denn man bleibt unbewusst und ein Opfer der Umstände.

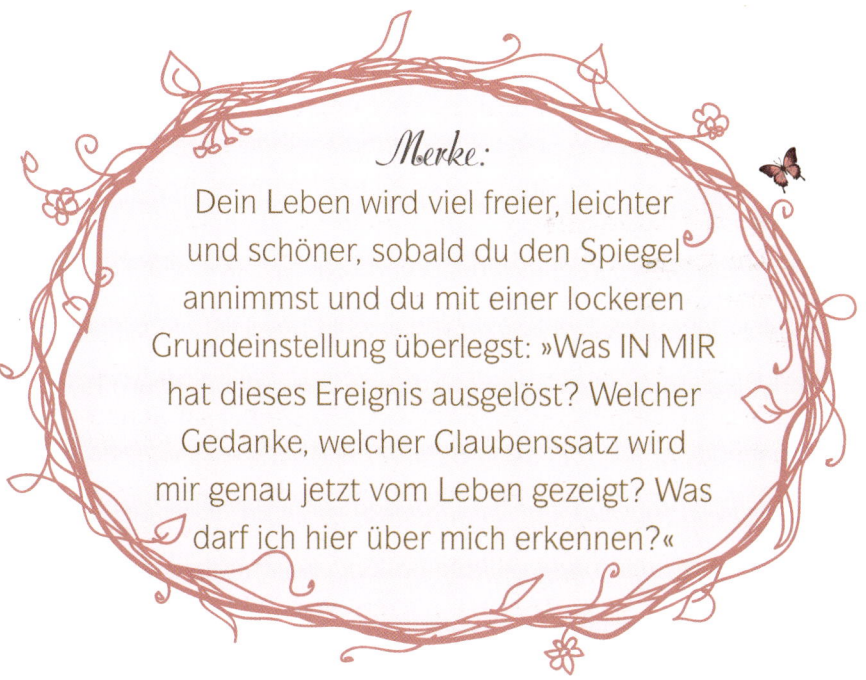

Merke:

Dein Leben wird viel freier, leichter und schöner, sobald du den Spiegel annimmst und du mit einer lockeren Grundeinstellung überlegst: »Was IN MIR hat dieses Ereignis ausgelöst? Welcher Gedanke, welcher Glaubenssatz wird mir genau jetzt vom Leben gezeigt? Was darf ich hier über mich erkennen?«

Im Folgenden möchte ich dir ein paar Beispiele aus meiner Praxis geben. Vielleicht erkennst du dich in dem einen oder anderen Beispiel selbst wieder, oder es hilft dir, auch den Spiegelungen in deinem Leben besser auf die Spur zu kommen.

Ilse war ein Notartermin geplatzt. Die Käufer des Hauses waren kurzfristig abgesprungen. Für Ilse war das tragisch, weil sie selbst die Summe sofort wieder für eine Investition brauchte. Nun stand sie da und verstand nicht, wie das passieren konnte. Es war vorab alles wie geplant abgelaufen, und der Absprung traf sie daher völlig überraschend.

Gemeinsam entdeckten wir, dass die Ursache bei ihr im Thema Sport/Körper/Fitness lag. Sie hatte sich schon mehrmals bei einem Fitnesskurs angemeldet, sich aber dann jedes Mal in letzter Sekunde umentschieden. Zunächst wollte Ilse das nicht mit ihrer aktuellen Lage in Zusammenhang bringen. Was war denn schon Schlimmes dabei, wenn sie von einem 60 Euro teuren Yogakurs wieder zurücktrat? Jetzt ging es schließlich um eine stattliche Summe Geld! Nun, man muss bedenken, dass es immer darum geht, das Thema in sich zu finden, das gespiegelt wird. Es ist selten eine Eins-zu-eins-Spiegelung. (Das wäre der Fall gewesen, wenn sie selbst von einem Hauskauf in letzter Sekunde zurückgetreten wäre.) Offensichtlich war das Thema Körper/Fitness zu diesem Zeitpunkt aber so wichtig, dass ihr das Leben es ihr jetzt sozusagen auf dem Silbertablett servierte. Als wir tiefer blickten, erkannte Ilse, dass sie in den Monaten davor schon vermehrt Zeichen bekommen hatte, sich endlich um ihren Körper zu

kümmern und notwendige Veränderungen vorzunehmen, diese aber beiseitegeschoben und ignoriert hatte. Als sie das erkannt hatte, konnte sie sich bewusst dafür entscheiden, gut für ihren Körper zu sorgen, denn was halfen ihr all das Geld und die genialen Investitionen, wenn ihr Körper versagte?

Louise war eine bildhübsche junge Frau, sympathisch und gebildet. Umso erstaunter war ich, als sie mir ihr Anliegen schilderte: Sie hatte noch nie einen Freund gehabt. Obwohl sie ein sehr offener und geselliger Mensch war, hatte sie noch nie ein Mann angesprochen, geschweige denn eingeladen. Ich konnte es kaum fassen. Sie selbst verstand es auch nicht, und langsam machte sie sich echte Sorgen, ob sie »normal« sei. Tatsächlich fühlte sie sich als Opfer: »Was soll ich denn machen, wenn sich kein männliches Wesen für mich interessiert? Ich kann schließlich niemanden zu seinem Glück zwingen.« Louise war sich ganz sicher, dass es nicht an ihr liegen konnte, und auch ihre Freundinnen bestätigten sie darin. Bislang habe sie einfach Pech gehabt mit den Männern.

In der Einzelsitzung baten wir nun ihre Seele, uns den wahren Grund IN ihr zu zeigen, der Männer von ihr fernhielt. Vor meinem geistigen Auge stiegen Bilder aus einer anderen Zeit hoch. Ich konnte Louise als Nonne sehen. Es war ein sehr glückliches und erfülltes Leben im Kloster, was ich da zu sehen bekam. Hingebungsvoll kümmerte sie sich um den Klostergarten, um Kranke, um Alte, und im Gebet fand sie vollkommene Glückseligkeit. So durfte ich mich gleich ein zweites Mal wundern, denn meistens sah ich traumatische Szenen, wenn mir eine Seele Bilder aus früheren Existenzen meiner Klienten zeigte. Ich befragte nun ihre Seele, was also genau die Ursache für Louises Problem sei. Ich sah Louise als Nonne auf dem Sterbebett liegen. Der Priester war bei ihr zur Letzten Ölung. Obwohl sie kaum mehr etwas sagen konnte, wurde sie ein letztes Mal richtig klar, richtete sich auf und verkündete aus der Tiefe ihrer Seele die Entscheidung: »Ich werde mich nie wieder gegen Gott versündigen und zulassen, dass ein Mann mich auch nur ansieht. Ich gelobe Keuschheit für immer und ewig. Ich bin die Braut Christi.« Dann starb sie friedlich. Sie hatte also ein wunderschönes Leben im Kloster geführt, aber für dieses Leben hatte ihre Seele dennoch andere Pläne, denn Louise war nicht wieder Nonne geworden (wobei sie jedoch sehr gläubig war). Als wir ihre Seele eingehender dazu befragten, teilte diese uns mit, dass Louise, indem sie mit ihrem letzten Satz auf dem Totenbett Männer von der Glückseligkeit gänzlich ausgeschlossen hatte, nicht in Harmonie mit ALLEM war. In diesem Leben wolle sie lernen, auch das Männliche ins Leben einzulassen und dennoch in Glückseligkeit zu verweilen. Ja, sie dürfe erkennen, dass Christus, dessen Braut sie gelobt hatte zu sein, ALLEN Männern innewohnend ist. Ich war erstaunt über diese tiefgründige Erklärung ihre Seele. Louise stand nun vor der Entscheidung, ob sie sich auch in diesem Leben an das Gelübde halten wollte oder nicht. Menschen wollen sich oft gar nicht so leicht von Gelübden trennen – vom Kopf her meist schon, aber oftmals hält etwas im Inneren noch daran fest. Louise allerdings war bereit, sie nahm das Gelübde zurück, dankte für die Erfahrungen und öffnete sich bewusst für neue Erlebnisse.

Susi war ein klassischer Fall, sie fiel immer wieder auf die falschen Männer herein. Mittlerweile war sie sehr frustriert und auch ärgerlich über sich selbst. »Wie kann ich nur immer wieder so dumm sein?«, fragte sie sich. Es zog sich wie ein roter Faden durch ihr Leben: Anfangs war alles wunderbar, die Männer lagen ihr zu Füßen, aber sobald es verbindlicher und enger wurde, in der Regel nach etwa vier Monaten, wendete sich das Blatt. Alle ihre Beziehungen liefen dann nach dem folgenden Schema ab: Mann zieht sich zurück, hat nicht mehr so viel Zeit, sich zu treffen, redet sich heraus, die Distanz zwischen Mann und Susi wird immer größer, und am Ende ist stets eine weitere Frau im Spiel, bei der Mann dann sogar einzieht.

Wir konnten zusammen erst einmal keine offensichtliche Spiegelung finden. Susi war überzeugt, dass sie sich auf eine verbindliche, enge Partnerschaft einlassen wollte und auch konnte, nur eben die Männer nicht mitspielten. Mithilfe einer Einzelaufstellung gelangten wir dann zum Kern der Problematik IN Susi. Meine Klientin war unbewusst an ihren Vater gebunden. Als Susi klein war, führten ihre Eltern keine liebevolle Beziehung miteinander. Sie, die Tochter, aber behandelte der Vater stets wie eine Prinzessin. Da die Mutter den Vater ablehnte, band dieser die Tochter eng an sich, und sie nahm quasi den Platz neben ihm ein. Nun erinnerte sie sich auch wieder daran, als etwa fünfjähriges Mädchen einmal mit voller Inbrunst entschieden zu haben: »Ich will keinen anderen Mann als meinen Papa. Ich werde ihn heiraten!« Natürlich fütterte der Vater unbewusst dieses Muster bei seiner Tochter. Anstatt sich den Eheproblemen zu stellen und mit seiner

Frau die Dinge zu klären, wich er aus und füllte die innere Leere mit der Liebe der Tochter. Im Gegenzug erhielt sie den »Prinzessinnenstatus«, der sie über die Mutter stellte, sich dieser überlegen fühlen ließ. Energetisch gesehen hatte Susi also bereits seit ihrer Kindheit einen Partner, ihren Vater. Alle Männer, denen sie später begegnete, spürten instinktiv, dass sie nicht frei war, und wollten sich deshalb nicht auf sie einlassen. Indem sie sich einer anderen Partnerin zuwendeten, spiegelten sie Susi ihr Gebundensein an einen anderen Partner, den Vater.

Mithilfe einer Aufstellung konnten wir dieses Muster leicht lösen. Susi fand bald darauf einen neuen Partner, der komplett anders war als seine Vorgänger. Ihre innere Veränderung zeigte sich also auch im Außen.

Manchmal ist es wirklich schwer, zu enträtseln, was uns der Spiegel zeigen möchte. Wir werden im Außen mit etwas konfrontiert, was uns belastet, meinen aber, es habe nichts mit UNS zu tun. In der Regel geht es dann um sehr dunkle Gefühle und Taten. Was hat ein Missbrauch mit mir zu tun, ein Raubmord, ein Kriegsverbrechen? Ich soll eifersüchtig, neidisch, rachsüchtig, gierig sein? Ich? Nein, das trifft nur auf meinen Freund, meine Partnerin, meinen Kollege, meinen Nachbar, meinen Chef usw. zu, eben die Spiegel im Außen. In dem Zusammenhang dürfen wir nicht vergessen, dass wir im Grunde auch alles in uns gespeichert haben, was das Menschsein ausmacht, sprich alle Gefühle, Taten, Traumata, Verbrechen etc. sind in irgendeiner Form in unseren Zellen gespeichert, sowohl die Täter- als auch die Opferseite. Über das morphogene-

tische Feld sind wir mit allen Menschen verbunden. Auch aus unserer Ahnenreihe haben wir Gefühle und Muster übernommen. Ob du es glaubst oder nicht: In dir ist eigentlich die ganze Menschheitsgeschichte enthalten. In den Zellen, im Zellgedächtnis, in deinen Auraschichten, natürlich mehr oder weniger ausgeprägt. Bitte, das soll dich jetzt nicht verunsichern oder verzweifeln lassen! Je bewusster du dir dessen bist, je achtsamer du damit umgehst, desto eher kannst du dich davon befreien. Und ja, jetzt im Moment herrscht noch Krieg auf der Erde, weil auch jeder Einzelne von uns noch in irgendeiner (vielleicht unbewussten) Form Kriegs- und Mangeldenken, Konkurrenzdenken, Abwertung und Unfrieden in sich trägt.

Wenn du also nicht selbst erkennst, was der Spiegel bedeutet, dann gibt es wertvolle Hilfsmittel und Therapieformen, die das Unbewusste sichtbar machen können. Dazu zählt auch die Aufstellungsarbeit. Beim Aufstellen wird das Unbewusste sichtbar gemacht und kann von außen betrachtet werden, ohne dass man sofort mitten im Geschehen sein muss. Ich liebe die Aufstellungsarbeit sehr und erlebe sie immer wieder als unglaublich heilsam für Körper, Seele und Geist. Wenn du vielleicht bislang nur Kritisches dazu gehört hast, dann möchte ich dir dazu Folgendes sagen: Diese Arbeit ist wirkungsvoll, da durch sie sehr leicht das Unbewusste geöffnet wird. Daher ist es wichtig, sich in die Hände eines erfahrenen Therapeuten zu begeben, der auch die spirituelle Anbindung hat, um wirkliche Heilung geschehen zu lassen. Ich persönlich würde mir nicht mehr zutrauen, Aufstellungen zu machen ohne die Begleitung der universellen Energien der Engel, die echte, tief greifende Heilung und Lösung bewirken. Kritik an dieser Methode kommt häufig von Menschen, die bei Aufstellern waren, denen die spirituelle Komponente fehlte und die dadurch nur in der Lage waren, etwas aufzudecken. Sie holten also ein Trauma hervor, zeigten den Schmerz, aber die Energien, die Linderung, Versöhnung und Liebe bringen sollten, fehlten. (Zur Aufstellungsarbeit findest du sehr viele Informationen im Internet und in Buchform, bitte lasse dich leiten und führen.)

Auch die Kinesiologie kann ein Hilfsmittel sein, um unbewusste Glaubensmuster aufzuspüren und zu entlarven. Ich verwende, wenn wir beim Entschlüsseln nicht weiterkommen, gerne die Schattenkarten von Chuck Spezzano. Es gibt mehrere Kartendecks von ihm, die sich dazu sehr gut eignen. Gehe vor wie folgt: Denke an das Thema in deinem Leben, wo du den Spiegel, deinen Schatten, einfach nicht erkennen kannst. Ziehe dann eine Karte aus dem Stapel der »dunklen« Karten. Betrachte die Karte. Was löst sie in dir aus? Was löst der Text, der Titel der Karte aus? Lies dann auch die ausführliche Beschreibung im Begleitbuch nach. Versuche, den Punkt in deinem Leben zu finden, und mag er noch so klitzeklein sein, wo das Thema der Karte dich berührt. Nun kannst du aus dem zweiten Stapel eine der hellen »Lichtkarten« ziehen. Sie zeigt dir, mit welcher Qualität du diesen Schatten im Bewusstsein heilen kannst.

Nun hast du also zum Beispiel die Geisteshaltung Geiz entdeckt, weil sie dir durch ein Familienmitglied so ge-

spiegelt wurde, dass sie nicht mehr zu übersehen war. Finde also zuerst dieses Thema oder den Bereich in dir, wo du offen oder insgeheim geizig bist. Vielleicht bist du dir selbst gegenüber geizig, gönnst dir nichts. Oder du bist geizig mit Aufmerksamkeit anderen oder dir selbst gegenüber. Geiz hat immer etwas mit Mangel zu tun. In welchem Lebensbereich also fühlst du Mangel, wovon gibt es zu wenig, wo hast du zu wenig bekommen, oder wovon gibst du zu wenig? Mit ein wenig Geduld und Bewusstheit wird dir schnell ein Licht aufgehen, und du kannst erkennen, wo der Geiz in dir sitzt.

Sobald du das Spiegelbild entschlüsselt hast, bist du nicht mehr unbewusst. Jetzt steht eine Entscheidung an: Willst du mit dieser Geisteshaltung weiterleben? Willst du so weitermachen? Bedenke: Das Göttliche verurteilt dich nicht. Du darfst hier im Spiel des freien Willens alles erschaffen, was du möchtest. Aber gehe jetzt in dich: Ist es wirklich das, was du dir für dein Leben vorstellst? Willst du weiter mit Geiz, Neid, Hass, Kritiksucht etc. leben? Du bist vollkommen frei, nun liegt es in deiner Hand!

Wenn du dich entschieden hast, die Geisteshaltung aufzugeben, dann stellt sich die Frage, wie du vorgehen sollst, um das, was du in dir gefunden hast, zu erlösen. In diesem Buch findest du verschiedene Schlüssel und Übungen, um dich von negativen Erwartungshaltungen und Glaubenssätzen zu befreien. Wende diejenigen an, die jetzt genau für dein Thema passend sind und sich stimmig anfühlen. Du weißt, es gibt kein absolutes Richtig oder Falsch. In jedem Fall geht die Reise mehr und mehr hin zu deiner wahren Natur, die Liebe, Frieden, Glückseligkeit, Weisheit und Hingabe ist. Alles, was sich dir im Spiegel des Lebens zeigt, was nicht den eben genannten Qualitäten entspricht, darf liebevoll erlöst werden, weil es einfach nicht die Wahrheit ist, weil es eine Lüge ist, eine erlaubte Lüge im Spiel des Lebens. Aber irgendwann werden wir es leid, unsere eigenen Lügen weiterhin zu glauben. Das ist der Grund, warum du zu diesem Buch gegriffen hast.

$\mathcal{L}$öse dich davon!

ie wir nun schon mehrfach während der Lektüre gesehen haben, kommt alles Leid davon, dass wir uns mit dem Ego, dem Verstand, den Selbstbildern identifizieren und sie mit unserem wahren Selbst verwechseln. Auf deinem Weg ins Erwachen wird dir mehr und mehr bewusst, dass du nicht deine Gedanken bist, nicht deine Gefühle, nicht deine Geschichte. Ein wichtiger Schritt in die Freiheit ist, sich vom Drama und den aufwühlenden Geschichten, die unser Kopf pausenlos erfindet, uns vorplappert oder wieder aus der Mottenkiste hervorholt, zu lösen

Leider habe ich schon oft festgestellt, dass manche Menschen die Bewusstwerdung benutzen, um weiterhin unbewusst bleiben zu können. Du fragst dich, wie ich das meine? Nun, es ist wertvoll, zu erkennen, dass du zum Beispiel seit deiner Kindheit das Muster hast, dich klein zu machen, weil dich deine Eltern sehr dominiert haben. Ja, erkenne das Muster, beobachte dich im Hier und Jetzt dabei, wie sich das Muster abspult, ABER höre auf, eine Identität daraus zu kreieren. Höre auf, immer wieder davon zu reden. Höre auf, es immer wieder als Rechtfertigung und Entschuldigung zu benutzen: »Ja, das ist bei mir so, weil meine Eltern so dominant zu mir waren, deshalb mache ich mich klein.« So dient es nur als AUSREDE, diesem Schema weiterhin zu folgen und mit diesem Teil des Egos verschmolzen bzw. identifiziert zu bleiben. Das

heißt, du bleibst unbewusst. Es ist absolut sinnvoll, die Verhaltensmuster zu erkennen. Wenn wir jedoch an ihnen festhalten und sie zu unserer Identität machen, dann hat dies eine schädliche Wirkung, weil wir so in der Geschichte gefangen bleiben.

Ein wichtiger Schritt auf dem Weg ins Erwachen ist es, sich loszulösen, Abstand zu gewinnen von Gedanken und Emotionen. Wie kannst du Abstand gewinnen? Wenn du bemerkst, dass du dich in einem Strudel von Gefühlen, in einem Streit, in einer Abwehr- oder Verteidigungshaltung befindest, dann halte inne. All das, was du da gerade erlebst, bist nicht du, ist nicht dein wahres Selbst! Wie kannst du dich lösen?

Abstand schaffen – ganz konkret

❁ Stelle dir vor, du stehst neben dir und beobachtest die ganze Szene von außen als neutraler Beobachter. Du bist nur Zuschauer, ohne emotionale Verbindung zum Geschehen.

❁ Oder stelle dir vor, du sitzt im Kino, und auf der Kinoleinwand wird der Film abgespielt. Du beobachtest die Hauptdarsteller, siehst das Drama, du selbst bleibst aber ruhig. Du weißt, es ist nur ein Film.

❁ Du kannst auch aus dem Drama einen lustigen Film machen. Spiele Regisseur, und gestalte den Film komplett um in eine Komödie. Baue unerwartete Gags ein, überlege dir witzige Pointen, überspitze und übertreibe, sodass es ein lachhafter Film wird. Amüsiere dich köstlich, und genieße die Leichtigkeit.

✿ Wenn es dir auf diese Art nicht gelingt, kannst du dir vorstellen, dass du dich noch weiter vom Ort des Geschehens entfernst, vielleicht hinauf auf einen hohen Berg, oder du schwebst in einem Heißluftballon immer höher, bis du die aufwühlende Szenerie nur noch als kleinen Punkt auf der Erde wahrnimmst.

✿ Oder du stellst dir vor, es ist 15 Jahre später. Wie schaust du von dort auf die heutige Situation zurück? War es all die Aufregung wert? War es wert, dass du so viel Lebensenergie dafür verschwendet hast?

✿ Oder stelle dir vor, du seist Mahatma Gandhi, der Dalai Lama, Buddha, Jesus oder Papst Franziskus und blicktest auf die momentane Situation. Wie sähe es dann für dich aus? Was würde sich dadurch verändern?

✿ Oder entscheide, erst einmal aus der Situation herauszugehen und eine Nacht darüber zu schlafen, bevor du dich weiter damit beschäftigst. Erlaube dir dann nicht mehr, daran zu denken und darüber zu grübeln oder zu sprechen. Zumindest für HEUTE ist Schluss damit, morgen darfst du wieder daran denken.

❀ Ebenso kannst du einen mehr körperlichen Weg wählen: Um Abstand zu gewinnen, lege dir Musik auf, die dir gefällt, und tanze das Drama buchstäblich aus dir heraus. Jogge, oder wähle eine andere Sportart, die dir liegt, um den Kopf freizubekommen. Dein Körper kann dabei wunderbar die Spannung abbauen, und dein Geist wird wieder frei.

Wichtig: Der neutrale Beobachter, auch Zeuge genannt, ist etwas ganz anderes als der im ersten Kapitel über Körper und Traumata beschriebene abgespaltenen Teil des Bewusstseins. Bei einem Trauma wird ein Bewusstseinsteil abgespalten, Leblosigkeit und Trennung sind die Folge. Als Zeuge sind wir zwar Beobachter von außen, aber nicht ABGESCHNITTEN vom Geschehen. Der abgespaltene Bewusstseinsteil ist unbewusst, der Zeuge ist jedoch sehr bewusst.

Wir Menschen sind ja große Geschichtenerzähler. Es gibt aufbauende Geschichten von Tatkraft, Glück und Erfolg. Und es gibt so viele bedrückende Geschichten, die wir uns tagein tagaus vorbeten, mit denen wir andere belästigen und energetisch gesehen sogar die Welt zumüllen. Ja, alles Negative, das wir wieder und wieder denken, fühlen oder aussprechen, verschmutzt uns selbst, die Umgebung, die Erde. Warum können wir nicht aufhören, über das Unrecht, das uns jemand angetan hat, nachzudenken, zu reden und zu grübeln? Weil wir bereits eine große Story daraus gemacht, ein Drama inszeniert haben. Und WIR spielen die Hauptrolle. Hier sind wir Opfer. Der andere ist der Böse. Wenn wir ganz ehrlich zu uns selbst sind, erkennen wir, dass wir das Drama lieben, sogar süchtig danach sind. Deshalb spulen wir in Gedanken immer wieder die gleichen Filme ab. Es gibt sogar übernommene Geschichten, die wie ein Familienerbe von Generation zu Generation weitergegeben werden. Die ganze Familie ist eingebunden in ein Drama, wo oft gar nicht mehr klar ist, wann und warum es begonnen hat. Selbstverständlich kannst du auch generationsübergreifende Geschichten loslassen. Wie immer ist es auch hier deine eigene Entscheidung, die zählt.

Sicher kennst auch du Menschen, die tatsächlich immer das Gleiche erzählen. Es ist wie eine CD, die immer wieder abgespielt wird. Diese Menschen identifizieren sich derart mit ihren Gedanken und Geschichten, dass Bewegung kaum noch möglich ist, es gibt keine Entwicklung, kein Erwachen, sondern nur immer wieder »Storytime«!

Erkenne deine Story – ganz konkret

❀ Welches Drama hast du in deinem Leben konstruiert?

❀ Wer sind die Hauptdarsteller im Drama?

❀ Worüber sprichst du immer wieder?

❀ Worum kreisen deine Gedanken?

❀ Was kannst du nicht loslassen?

❀ Bei welchem Thema bist du sehr berührt oder betroffen, wenn du davon hörst?

❀ Was bewirkt eine starke Resonanz in dir?

❀ Wo verspürst du eine starke Abwehr, wogegen hast du eine starke Abneigung?

❀ Was holt dich immer wieder ein?

Du kannst dir dazu auch Feedback von Freunden und Familienmitgliedern holen, denn oft erkennen die anderen leichter und besser, was wir selbst vor uns verstecken wollen. Bewusstheit ist der Schlüssel zur Veränderung.

Da du nicht länger deine kostbare Lebensenergie vergeuden willst, wird es nun Zeit, Abschied von deiner Story zu nehmen.

Trenne dich von deiner Story – ganz konkret

❀ **Schritt eins:** Schreibe sie so detailliert wie möglich auf. Gib noch einmal ALLES hinein. Im ersten Schritt darfst du noch einmal schwelgen, dramatisieren und dir alles genau vor Augen führen. Du brauchst nichts zurückzuhalten oder zu beschönigen. Schreibe ein Drehbuch, und lasse nichts aus. Wenn du schon einiges an Bewusstseinsarbeit gemacht hast, willst du vielleicht nur noch einmal eine Kurzfassung des Dramas wiedergeben, weil du es fast schon leid bist. Auch das ist völlig in Ordnung. Wichtig ist, dass du es in dem Bewusstsein tust, dass es der letzte große Showdown deiner Story wird.

Schritt zwei: Mache dir ganz bewusst, welche Rollen du in diesem Drama angenommen hast, welche Identitäten sich gebildet haben. Bist du ein Opfer, ein Täter, eine Betrogene, ein Macher, ein Helfer, eine Gebildete, ein Muttersöhnchen, ein Dummkopf, ein Tunichtgut, eine Versagerin, ein Schwächling, eine Prostituierte, ein Hurensohn, eine Nullnummer etc.?

Schritt drei: Nachdem du das Drehbuch und deine Identitäten klar benannt hast, wird es jetzt Zeit, von der Story Abschied zu nehmen. Was war das nur für ein Kassenschlager in deinem Kopfkino! Jahrelang lief der Film auf deiner inneren Leinwand. Du bist immer wieder ins Kino gegangen und hast dir den alten Schinken angeschaut. Und du hast auch viele andere an dem Drama teilhaben lassen. Aber das war jetzt die letzte Vorstellung! Alles geht einmal zu Ende. Der Film wird nun definitiv abgesetzt. Stelle dir vor, wie ein schwerer Vorhang endgültig fällt, der Film wird nie wieder gezeigt werden. Gestalte gerne auch ein Ritual dazu, eine Abschiedszeremonie mit Kerzen, Gebeten, Liedern, Steinen, Krafttieren oder etwas anderem, was sich für dich richtig anfühlt. Du kannst

die Zettel verbrennen, auf denen du noch einmal alles genau aufgeschrieben hattest, und die Asche entweder vergraben oder in einen Fluss geben.

Nun liegt es an dir, wirklich nicht mehr auf die Story zurückzukommen. Du bist jetzt NEU und wie ein unbeschriebenes Blatt. Lasse dein wahres Selbst zum Vorschein kommen, frei von den alten Rollen und Mustern. Beobachte, wie frei du jetzt bist und wie Situationen, die vorher nach einem Standard abgelaufen sind, sich plötzlich ganz anders entwickeln. Sei dankbar, dass es jetzt neuen Freiraum gibt und deine Seele sozusagen Luft zum Atmen bekommen hat. Du bist einen großen Schritt weitergekommen. Feiere fröhlich, und gestatte dir Freude, Frieden und Lachen.

Der Königsweg: das Annehmen

Nun kommen wir zum Königsweg auf der Reise ins Erwachen. In gewisser Hinsicht könnte man sagen, alle vorherigen Themen waren eine Vorbereitung darauf, um nun den »ultimativen« Pfad zu beschreiten.

Ganz bewusst habe ich zum ersten Mal vom »Annehmen« gehört, als ich 1997 das Buch »Anerkennen, was ist« gelesen habe. Es war mein erstes Buch zum Thema Familienstellen. Auch ohne mich an alle Details dieses Buches erinnern zu können, weiß ich noch genau, wie tief es mich damals berührt hat. Etwas in meiner Seele, jenseits des Verstandes, sagte einfach »JA«. Ich kann mich nicht erinnern, in meiner Kindheit je dazu ermutigt worden zu sein, etwas bewusst anzunehmen. Ich würde sogar behaupten: In der westlichen Welt gibt es keine Kultur, die es begrüßt, ALLES im Leben vorbehaltlos anzunehmen. Vielmehr herrschen viele ausgefeilte Abwehrstrategien vor. Wir sind es so gewöhnt, gegen »das, was ist« im Widerstand zu sein, dass uns die Verspannung und Verkrampfung unseres Körpers und die tief gehende Abwehrhaltung unserer Seele und unseres Geistes gar nicht mehr auffallen. Dennoch führen wir ständig einen Kampf gegen das Leben.

Dieser Krieg gegen das Leben wird mit folgenden »Waffen« geführt:

- kritisieren, abwerten, ablehnen – sich selbst, Partner, Kinder, die Regierung, Arbeitskollegen, Nachbarn, Prominente, Reiche etc.

- lamentieren, jammern, sich über alles Mögliche beklagen

- die Schuld bei anderen suchen, überhaupt nach Schuld suchen; Schuldgefühle jeder Art

- sich ablenken und die Wahrnehmung dämpfen; Süchte, zum Beispiel nach Drogen, Arbeit, Nahrung, Fernsehen, Computer, sozialen Medien, oder Abhängigkeit, zum Beispiel von Freunden oder dem Partner

- sich verweigern

- ignorieren, den Kopf in den Sandstecken, so tun, als ob …

- Hass, Neid, Missgunst, Schadenfreude, Groll und Vorwurf

- Flucht ins Nichtstun, Faulheit; Zeit vergeuden

- Verurteilung jeder Art

Nachdem ich also das Buch von Bert Hellinger gelesen hatte und bald auch meine ersten Erfahrungen mit Aufstellungsarbeit in der Gruppe machen konnte, fiel mir schnell auf, wie oft bei dieser Therapieform eine Vernei-

gung ausgeführt wird. Die Teilnehmer wurden je nach Thema angeleitet, sich vor den Eltern, dem Schicksal, dem Leben, einer Krankheit und sich manchmal sogar vor dem Tod zu verneigen. Ohne den genauen Grund dafür in Worte fassen zu können, hat mich diese Verbeugung stets tief bewegt. Sie rührt etwas ganz tief in der Seele an. Die Verneigung versinnbildlicht das Annehmen oder auch die Wertschätzung: »Ich achte, schätze und ehre dich. Du hast einen Platz in meinem Leben. Du gehörst dazu. Ich lasse den Kampf gegen dich sein.« Im Gedächtnis geblieben ist mir zum Beispiel, als sich ein überzeugter Homöopath in einer Aufstellung vor der Schulmedizin verneigen sollte, was ihm sichtlich schwerfiel. Zu dieser Zeit war ich selbst überzeugte Homöopathin, und auch heute schätze ich diese Heilmethode immer noch sehr. Nicht selten sind eingefleischte Homöopathen auf ihre Art und Weise genauso engstirnig wie jene Schulmediziner, die alle alternativen Heilweisen kategorisch ablehnen. Aber überall, wo wir radikal werden, etwas verurteilen oder ausschließen, fallen wir aus der göttlichen Ordnung heraus. Warum?

Das Leben ist ein großes Mysterium. So sehr wir auch glauben, alles durchschaut, erforscht, benannt und vermessen zu haben, so kann uns das nur oberflächlich darüber hinwegtäuschen, dass wir im Grunde NICHTS wissen. Wenn wir ehrlich sind, können wir diese Kraft, die alle Planeten in ihrer Umlaufbahn hält, die einen Menschen entstehen lässt, die die Natur in ihren vielfältigen Erscheinungsformen erschaffen hat und wie dies alles von einer übergeordneten Intelligenz gesteuert wird nur bestaunen. Das Leben lässt sich an dieser Stelle gleichsetzen mit

Gott, der Urkraft, der Existenz, der Göttin, der Schöpfung etc. Alle diese Begriffe stehen für dasselbe, und du kannst gerne denjenigen verwenden, der dich am meisten anspricht. In der göttlichen Schöpfung ist ALLES gewollt, sonst wäre es nicht da. Das Werden und Vergehen, Tag und Nacht, Gut und Böse, die Dualität in allem … alles ist genau so, wie es sein soll. Innerhalb dieses scheinbar chaotischen Systems herrscht völlige, göttliche Ordnung. Der Einheits-Lehrer Jeff Foster benutzt hierfür ein sehr anschauliches Bild: Die Existenz ist wie ein großer Ozean. In diesem Ozean ist alles enthalten, und die einzelnen Wellen des Ozeans entsprechen den Dingen, die auftauchen. Jeder von uns ist eine Welle im Meer, auch jede Erfahrung, die wir machen, jedes Ereignis, das wir erleben, kann als Welle gesehen werden. Alles, was du erlebst, ist eine Welle. Diese Welle wurde vom Ozean selbst schon lange zugelassen, akzeptiert, willkommen geheißen, nur deshalb taucht sie auf, das ist der einzige Grund. Während also die Welle, die von der Urkraft gewollt ist, auf dich zukommt, beginnst du jedoch, gegen sie in den Widerstand zu gehen. Du kämpfst, jammerst, rebellierst, gibst deiner Partnerin die Schuld, lästerst über deinen Chef, bist untröstlich wegen des Zeugnisses deines Sohnes, entscheidest, kein Wort mehr mit deinem Bruder zu sprechen, und löschst den Kontakt zu deiner ehemals besten Freundin auf deinem Smartphone. Du weißt, dass das einfach nicht richtig war! Dass es nicht sein darf! Dass du es nicht willst! Dass es eine echte Unverschämtheit ist! Dass du das nie wieder erleben möchtest! Dass du es heimzahlen wirst! Dass du kämpfen wirst! Dass es deine Freundin dieses Mal einfach übertrieben hat! Dass du es deiner Mutter nie

verzeihen wirst! Dass du es allen erzählen wirst! Dass alle Frauen/Männer so sind! Dass spätestens Gott im Himmel für die gerechte Strafe sorgen wird! Dass du nie wieder etwas riskieren wirst! Dass du es ja eh gewusst hast! Dass niemand dich je verstehen wird! Dass sowieso alles sinnlos ist! Dass nicht sein kann, was nicht sein darf! … Erkennst du all die Erscheinungsformen des Widerstandes? Die Urkraft hat jede einzelne Welle schon längst als Teil seiner selbst, des großen Ozeans, zugelassen, sie begrüßt und bedingungslos angenommen.

Warum gehen wir jedoch so oft in den Widerstand zu den Wellen unseres Daseins, unseres Lebens, unseres Alltages? Warum führen wir im Inneren Krieg gegen uns selbst und im Außen gegen andere oder die Umstände? Weil wir konkrete Vorstellungen, Bilder und Urteile dazu haben, WIE das Leben sein soll, wie wir sein sollen, was exakt richtig und was falsch ist. Nicht selten verteidigen wir unsere Vorlieben, Selbstbildnisse, Neigungen und Werturteile bis aufs Messer. Es heißt, das größte Hindernis des Menschen auf dem Weg ins Erwachen sei sein Verlangen, Recht haben zu wollen. Um zu demonstrieren, dass man im Recht ist, werden Kriege im Großen und im Kleinen geführt, wird Gewalt ohne Wimpernzucken hingenommen. WER will da eigentlich recht haben? Ist es unser wahres Selbst? Nein, aber das Ego ist bereit, für seine Überzeugungen zu sterben und andere leiden zu lassen.

Kommen wir noch einmal zurück zum Bild des Ozeans. Eine Welle ist nie abgetrennt vom Ozean, auch wenn sie sich als einmalige, einzigartige Welle »fühlt und erlebt«, so ist sie dennoch einfach eine Erscheinungsform im großen Meer und ein Teil des Meeres. Sie kann nicht separat vom Ozean existieren. Der Ozean unserer menschlichen Existenz beinhaltet alle möglichen Gedanken, Gefühle, und Ereignisse, die kommen und gehen. Innerhalb des Ozeans ist jede Welle vergänglich, sie entsteht, baut sich auf und verschwindet wieder. Tagein, tagaus tauchen in uns Erinnerungen, Bilder, Gefühle und vor allem ununterbrochen Gedanken auf. Wie wir im Laufe des Buches immer wieder gesehen haben, handelt es sich dabei um Formen, die das Göttliche vorübergehend annimmt, aber NICHT um die letzte Wahrheit. Keine Welle ist der Ozean selbst. Aber der Ozean ist IN jeder Welle und umfasst alle Wellen. Das Göttliche in seiner Essenz ist in allen Bildern, Gedanken und Gefühlen enthalten. Es scheint hindurch, wenn wir, wie Jesus sagte, »Augen haben, um zu sehen«. Alles, was kommt und vergeht, ist nicht die pure Essenz. Erwachen meint, die Essenz IN allen Erscheinungen zu erkennen. Wir sind nicht unsere Gedanken, Gefühle und Überzeugungen. Genauso wenig beschreiben unsere Erlebnisse unser wahres Selbst. Viele Suchende auf dem spirituellem Weg glauben, dass sie, wenn sie ALLES richtig machen, sie auch nur noch die schönsten Sachen erleben würden. Sie glauben, Schmerz, Leid, Krankheit, Tod, Verlust und Schwäche würden dann völlig aus ihrem Leben verschwinden. Das aber ist in der dreidimensionalen Welt NICHT möglich. All das wird weiterhin in unserem Leben auftauchen, weil es Bestandteil des Lebens ist. Die Frage ist, ob wir dagegen in Widerstand gehen und uns somit von der im Leid/Schmerz/Verlust enthaltenen Essenz abschneiden oder nicht. Die Frage ist, wie wir damit um-

gehen. Die Frage ist, wie wir darauf reagieren. Begrüßen wir das, was uns der Ozean des Lebens heute an Erlebnissen, Gefühlen und Menschen bringt? Nehmen wir die Wellen an, die schon vor langer Zeit im Ozean entstanden sind? Sind wir in der Lage, zu erkennen, dass alles einen Sinn hat, auch wenn wir ihn jetzt noch nicht erkennen? Vertrauen wir darauf, dass das Leben selbst freundlich ist, auch wenn es Herausforderungen bringt? Verstehen wir, dass ALLES unserem Wachstum dient und ALLES Ausdruck des göttlichen Spiels ist? Welle und Ozean sind untrennbar. Die wahre göttliche Natur und alle dualen und vorübergehenden Erscheinungsformen sind nicht voneinander zu trennen. Das Leben ist also die göttliche Existenz selbst, und wir sind ein Teil davon und niemals davon getrennt. Kein Ereignis in deinem Leben, keine Welle deiner Existenz kann das, was du wirklich bist, zerstören, dir schaden. Ebenso kann keine noch so große Welle von Erfolg, Gewinn, Liebesglück und Geld dich wirklich tief greifend und dauerhaft glücklich machen.

Paradox: Du bist nicht deine Urteile, deine Empfindungen, deine Gedanken, und gleichzeitig sind alle Urteile, Gedanken, Erlebnisse und Empfindungen, die in deinem Leben auftauchen, völlig gewollt, denn sonst würden sie nicht erscheinen. Ihre bloße Existenz belegt, dass sie erwünscht sind, und dennoch entsprechen sie nicht der Essenz, nicht der wahren, letzten Natur deines Selbst.

Wieder zurück zur Verbeugung des Homöopathen vor der Schulmedizin. Wie gesagt, ich schätze Homöopathie sehr und weiß um unglaubliche Heilerfolge dieser Behandlungsmethode. Allerdings durfte ich selbst dazu eine wichtige Erfahrung machen: Als unser zweites Kind im Alter von nur vier Wochen mit einer starken Lungenentzündung ins Krankenhaus kam, durfte ich meine persönliche Verneigung vor der Schulmedizin vollführen, da damals Antibiotikagaben sein junges Leben retteten. Welch ein Segen kann eine Antibiotikagabe sein, eine Operation oder die Möglichkeit, jemanden in ein künstliches Koma zu versetzen. Ich bin immer froh, wenn ich keinen Arzt brauche, und als Erstes kommt in unserer Familie immer alternative Medizin zum Einsatz. Aber wenn wir radikal werden, wenn wir die Schulmedizin verteufeln, wenn wir glauben, besser zu sein und es besser zu wissen als alle anderen, dann stellen wir uns über den göttlichen Ozean, der die Welle »Schulmedizin« begrüßt, ehrt und schon längst in sich aufgenommen hat. Das heißt natürlich ebenso wenig, dass man nun ständig Antibiotika nehmen soll. Natürlich darf jeder wählen, welche Welle ihm sympathischer, welcher Weg für ihn stimmiger ist. Entscheidend ist, die anderen Wellen, die anderen Wege, nicht zu verurteilen, abzuwerten und auszuschließen. Ich habe von radikalen Homöopathen gehört, die neben der Homöopathie keine andere Therapie dulden, nicht einmal etwas Pflanzliches ist erlaubt, und sogar eine Fußreflexzonenmassage ist untersagt ist, solange man in Behandlung ist. Warum so extrem? Immer dann, wenn EIN Weg als DIE absolute Wahrheit verkauft wird, sollten wir sehr vorsichtig sein, egal, in welchem Bereich!

Ebenso verwunderlich finde ich immer wieder, wenn Veganer gegen Vegetarier hetzen, weil diese Eier essen oder Ledergürtel tragen. Ich möchte hier nicht falsch verstanden werden, ich schätze und begrüße JEDEN Schritt, der in Richtung vegan unternommen wird und der dazu beiträgt, das Leben von Tieren zu schützen. Dennoch: Wenn ich ausschließe, verurteile, ablehne, mich darüberstelle, falle ich selbst aus der göttlichen Ordnung heraus, in der alles wertgeschätzt wird, so, wie es eben jetzt gerade ist. Die Sonne scheint auf alle, ob gut oder böse, sie unterscheidet nicht, sondern verteilt ihr Licht und ihre Wärme bedingungslos.

Annehmen – ganz konkret

❀ Diese einfache und dennoch enorm effektive Übung kommt aus der Aufstellungsarbeit.

❀ Lege dich mit den Bauch auf den Boden. Du kannst dazu gerne eine Yogamatte nehmen oder dich auf einen Teppich legen.

❀ Lasse deinen Kopf zu Boden sinken. Die Stirn liegt am Boden auf. Bei längerem Liegen kannst du das Gesicht auch zur Seite drehen, aber wirkungsvoller ist es, wenn die Stirn den Boden berührt.

❀ Strecke die Hände nach vorne, die Handflächen sind nach oben geöffnet. Stelle dir vor, dass das, was dir schwerfällt, anzunehmen, direkt vor dir steht. Das kann eine Person sein, ein Ereignis, eine Eigenschaft, dein Leben, dein Schicksal, eine Krankheit, dein Job, ein Verlust, eine Eigenschaft von dir selbst, deines Partners oder eines Kindes, Geld, das Leben auf der Erde, die Wut auf jemanden, deine Eltern, ein Trauma etc. – da sind dir keine Grenzen gesetzt.

🌺 Während du liegst, hältst du deinen Fokus auf das DAS gerichtet, was vor dir steht. Verliere dich nicht in Gedanken ÜBER die Sache oder Person. Bleibe innerlich still, aber ausgerichtet. Es geht jetzt konkret um das Annehmen. Lasse die Storys los, die dein Ego dir jetzt darüber erzählen will. Gehe vielmehr in die Körperwahrnehmung. Was fühlst du? Fließt Energie in dir? Spürst du ein Kribbeln, Wärme, Kälte oder andere Empfindungen?

🌺 Bleibe ein paar Minuten lang still liegen, bis du den Impuls spürst, dass es genug ist.

Die Körperhaltung, in der du vor der Person oder dem Objekt liegst, bewirkt nun, dass sich deine innere Haltung ändert. Wie beim Yoga wirkst du auf deinen Geist ein, indem du eine bestimmte Haltung einnimmst. Je nachdem, wie sehr du etwas ablehnst, braucht es mehr oder weniger Zeit, bis du durch diese Übung ins Annehmen kommst. Generell empfehle ich, morgens für ein paar Minuten in diese Haltung zu gehen. Selbst bei ganz hartnäckigen Themen habe ich in der Regel nach drei bis vier

Wochen eine grundlegende Veränderung bzw. Annahme erlebt – sowohl bei mir selbst als auch bei Klienten. Probiere es selbst aus!

Alles in der Welt hat einen Sinn und Zweck, auch wenn es oft schwerfällt, das zu akzeptieren. Warum lässt Gott Kriege zu? Warum sollte die Göttin wollen, dass Menschen gefoltert werden? Warum lässt die Urkraft Hunger und ungerechte Verteilung von Lebensmitteln zu? Worin soll der Sinn von Gewalt, Versklavung und der Verletzung der Menschenrechte liegen? Und: Werden wir nicht passiv und laden gar Schuld auf uns, wenn wir Unrecht, Folter und Gewalt akzeptieren? Man muss doch etwas dagegen tun! Ungerechtigkeit darf man nicht einfach hinnehmen!

Für die schöpferische Existenz ist nichts ein Problem, weil hier auf der Erde der freie Wille gewährt wurde. Gott ist allgegenwärtig, und ja, auch wenn es für uns unglaublich scheint, selbst Krieg, Hunger und Gewalt sind erlaubt. Das heißt NICHT, dass wir Teil dessen werden und selbst Gewalt ausüben sollen, aber es macht keinen Sinn, dagegen anzukämpfen in der Haltung »Das darf es nicht geben, ich verurteile es, ich schließe es aus, ich verdamme es und verschließe mein Herz davor!« Dann begeben wir uns nur auf die gleiche Schwingungsebene wie das, was wir ablehnen. Ein Mensch, der gewalttätig wird, ist völlig von seinem wahren Sein und der bedingungslosen Liebe abgeschnitten. Im Grunde ist seine Gewalttätigkeit ein Schrei nach Liebe, nach Verbindung, nach der Linderung des tiefen Schmerzes durch das Abgetrenntsein.

Wenn wir unser Herz verschließen, uns selbst von der Liebe abschneiden, dann nähren wir den zerstörerischen Kreislauf, unterstützen also das, was wir eigentlich ablehnen.

Die große Kunst, das, was wir üben müssen, besteht darin, im Angesicht von niederen Emotionen und Schwingungen wie Hass, Leid, Gewalt etc., die allesamt UNBE-WUSSTHEIT ausdrücken, dennoch im Herzen zentriert zu bleiben, das Herz offen zu halten, zu fühlen, OHNE zu urteilen. »Du wirst doch nun nicht allen Ernstes vorschlagen, ich soll, wenn ich auf der Straße sehe, dass einem Menschen Gewalt angetan wird, ruhig in mein Herz atmen und das annehmen?«, fragst du nun.

Paradox: Obwohl du etwas annimmst und dein Herz offen bleibt, kannst und sollst du in dem konkreten Moment dem natürlichen Impuls folgen, zu helfen und etwas zu unternehmen.

Es ist nur unser Verstand, der uns vorgaukelt, dass es hier einen Widerspruch gibt. Tatsächlich ist es doch so, dass wir in allen akuten Situationen instinktiv, das heißt geführt vom Göttlichen, handeln. Hinterher sagen wir oft: »Ich hab gar nicht überlegt, sondern einfach gehandelt.« Aber wie oft verurteilen wir etwas und distanzieren uns davon, wenn wir von etwas Grausamen hören, was gerade irgendwo in der Welt oder auch in unserem Land passiert ist, wir aber im Moment eben gar keinen direkten Einfluss darauf nehmen können. Unsere Gedanken und Gefühle in dem Moment WIRKEN dennoch wie oben be-

schrieben so, als würden wir Öl ins Feuer gießen, weil wir uns auf dieselbe Schwingung begeben wie das, was wir verurteilen. Immer wenn du direkt einer Situation ausgesetzt bist, dann handle! Wenn du aber gerade nichts tun kannst, dann nimm es grenzenlos an!

Ein aktuelles Beispiel: Bei uns im Wald werden gerade mithilfe großer Maschinen viele Bäume gefällt, eine breite Schneise geschlagen. Vor zwei Tagen habe ich mich dem bewusst ausgesetzt: Überall Chaos, der Schmerz durch den Tod vieler Lebewesen war deutlich zu spüren. Als hell fühlender Mensch fühlte ich den Schmerz, als wäre es mein eigener. Ich stand da, regungslos … es ist leicht, in so einem Moment in das Urteilen, die Abwehr und den Widerstand zu geraten. Etwas in mir schrie: »WARUM tun sie das? Fühlen sie nicht, was sie anrichten?« Ein Teil in mir wollte anklagen, wollte, dass sie sofort damit aufhörten! Ich fühlte mich verletzt, als hätten sie mir etwas angetan, und ich fühlte mich im Recht … Was sprach mein Herz? Es sagte: »Bleibe stehen, halte mich offen, verschließe dich nicht. Fühle den Schmerz, bis dahinter die Liebe zum Vorschein kommt. Und das Mitgefühl mit den Menschen, die nicht fühlen können. Lasse deine Liebe zu den gefällten Bäumen, allen Lebewesen, die hier gestorben sind, UND den Menschen, die dafür verantwortlich sind, fließen. Schließe nichts aus.«

Dasselbe kann man auch tun, wenn man mit Bildern von gequälten Tieren oder Menschen konfrontiert wird, auch wenn das zugegebenermaßen keine leichte Übung ist.

Übe es bei einfachen Dingen, zum Beispiel, wenn du über etwas Schmerzliches in einer Zeitung liest oder es dir jemand erzählt. Widerstehe dem Drang, zu urteilen, sondern bleibe ruhig im Herzen. Lasse den Schmerz, der eine ganz natürliche Reaktion darstellt, aufsteigen. Bleibe ganz bei der Empfindung, und lasse nicht zu, dass dein Verstand seine Kommentare dazu abgibt, da er sofort versucht, dich in die WERTUNG zu ziehen. Wenn wir einen Schmerz wirklich aufsteigen lassen, dann fließt er mehr oder weniger schnell durch uns hindurch – je nachdem, wie weit du dein Herz schon von altem Schmerz befreit hast (siehe Kapitel »Wo? Mitten im Herzen!«) –, und wir finden darunter die universelle Liebe, die Essenz der Schöpfung. Diese Liebe lassen wir in das Bild, die Situation einströmen. So werden wir zu den Lichtbringern, die wir uns vorgenommen haben zu sein. So bringen wir unser Licht in die Dunkelheit. So wird Leid in Liebe verwandelt. So werden wir ein Werkzeug des Göttlichen.

Die Wandlung und Transformation geschieht eben NICHT aus der Haltung heraus: »Oh Gott, die Welt ist schrecklich. Die Menschen sind fürchterlich. Wie kann man so etwas nur tun? Die Welt ist ein grausamer Ort. Irgendetwas ist völlig falsch hier, es muss repariert werden!« Nein, nichts muss repariert werden. Alles ist genau so, wie es sein soll. Es ist unsere Aufgabe, die wahre Essenz HINTER der vordergründigen Realität wahrzunehmen, sie zu sehen, zu fühlen. Diese Essenz, die LIEBE, ist immer da. Sie ist wie ein Licht, das sich hinter dem Schmerz und dem Leid verbirgt.

Das ist nicht leicht, das weiß ich auch, aber wir dürfen ÜBEN, ÜBEN, ÜBEN. Dann erfüllen wir unseren Daseinszweck: ein Kanal zu sein für die Liebe und das Licht der Schöpfung. »Aber werden wir nicht passiv und gleichgültig, wenn wir alles annehmen?«, fragst du. Die Antwort darauf ist ein klares NEIN. Wenn wir alles annehmen, kommen wir in Einklang mit dem Fluss des Lebens, mit der Schöpfung. Ist die Schöpfung je untätig? Sieh dir die Natur an: Wenn wir Pflanzen und Tiere sich selbst überlassen, dann kommt alles in Balance, jeder Grashalm, jeder Berg, jeder Tiger, jeder Strauch kennt seine Aufgabe und trägt seinen Teil zum großen Ganzen bei. Wenn wir unseren Platz im Leben einnehmen, ist es nicht anders. So hat doch jeder Mensch einzigartige Talente, Eigenschaften und besondere Fähigkeiten, die er dann im Spiel des Lebens einbringen darf und soll. So ist es gedacht. Du wirst also sicher nicht untätig und gleichgültig, wenn du annimmst, was ist, sondern im Gegenteil: Du wirst lebendiger, weil dich mehr Lebenskraft durchströmen kann, als wenn du im Widerstand wärst.

Wenn du zum Beispiel ein Bild von hungernden Kindern in Afrika siehst, halte dein Herz offen, atme tief, lasse alle Gefühle aufsteigen, die sich zeigen wollen, vielleicht ist es Schmerz, vielleicht Wut. Lasse sie durch dich hindurchfließen. Bleibe präsent, und verurteile nicht. Fühle die Verbindung zum Lebensstrom, und spüre, ob aus diesem Strom heraus ein Impuls zum Handeln kommt. Vielleicht fühlst du den Drang, einmalig etwas zu spenden oder für ein Kind in Afrika eine Patenschaft zu übernehmen, oder du möchtest mehr tun und einer Hilfsorganisation beitreten, die vor Ort etwas bewirkt. Gehe diesen Impulsen nach, und handle. Ansonsten wirken auch deine Empfindungen und Gedanken positiv auf ein weit entferntes Geschehen ein, wenn du stabil in der Liebespräsenz bleibst. Du fühlst dann, wie dich der Fluss des Lebens trägt,»in Besitz nimmt« und dich zu Personen, Orten oder Ereignissen führt, die für dich wichtig sind und für die du wichtig bist. Nicht im Widerstand zu sein heißt nicht, passiv zu sein, sondern bewusst und wach am Leben teilzunehmen und zu tun, was dir deine Intuition eingibt. Mal bist du vielleicht still und tust nichts, dann wieder agierst du und bist aktiv. Das alles lässt sich nicht nach Schema F planen. So ist das moderne Leben, in dem alles zeitlich geregelt ist, nicht darauf ausgelegt, im Fluss der Energie zu sein. Sicher ist auch das ein Grund, warum immer mehr Menschen eben nicht mehr funktionieren und in ein Burnout geraten.

Die Kontrolle loslassen

Ein wichtiger Aspekt des Annehmens ist, die Kontrolle loszulassen. Unser Ego will ALLES im Griff haben. Im Grunde dienen alle Urteile der Ausübung von Kontrolle, die selbst wiederum dazu dient, Schmerz zu vermeiden und Vergnügen zu erleben. Sprich: Wir wollen, dass das Leben nach UNSEREN Vorstellungen abläuft. Daher haben wir die Rollen für unsere Mitmenschen auch schon verteilt, wir glauben nämlich ebenso zu wissen, was für sie das Beste ist.

Wie zeigt sich das Bedürfnis nach Kontrolle im Alltag?

- alles genau planen wollen, um ja nichts dem Zufall zu überlassen

- ständiges Gedankenkreisen

- in Gedanken Gespräche mit anderen führen

- sich sorgen und ängstigen

- Absicherungen jeglicher Art

- Medien, Astrologen, Kartenleger befragen

- übertrieben gewissenhaft sein

- übermäßig viele Infos einholen

- sich anpassen, um anderen zu gefallen und dazuzugehören

- Statussymbole oder Definition über Äußerlichkeiten

- Gefühle zurückhalten bzw. unterdrücken

- bis zum Umfallen arbeiten

- exzessives Manifestieren, Affirmieren und übermäßig viele spirituelle Übungen absolvieren

- im Minutentakt E-Mails checken

- natürlich auch ganz konkret kontrollieren (Personen, Maschinen, ob die Tür wirklich abgeschlossen ist etc.)

- Dominanz über andere in jeder Form bis hin zu Erpressung und Gewalt

- andere kleinmachen

- Psychotricks jeder Art

- Manipulation in allen möglichen Formen

- sich einmischen oder anderen Vorschriften machen

- Ressourcen beschneiden

Wenn du dich also dabei erwischst, dass du Kontrolle ausüben willst – über die Umstände, über dich selbst oder andere –, dann halte einfach inne. Mache dir genau bewusst, was abläuft. Beobachte. Fühle. Verurteile dich nicht. Wende dann die folgende Übung an.

Einfache Übung, um die Kontrolle loslassen

* Denke an das Thema, die Situation, die dich unsicher macht und gerade ungelöst ist.

* Begib dich vollkommen in die Energie dieses Themas hinein. Stelle dir dazu vor, du setzt dich buchstäblich mitten in die Situation hinein.

* Atme tief ein und aus, und lasse dich ganz in diesem Thema nieder. Mache dich breit, dehne dich aus. Lasse dich richtiggehend hineinsinken in die Energie des Unerlösten, und entspanne dich jetzt bewusst. Mache es dir richtig bequem in der Herausforderung.

* Atme tief, entspanne dich. Bleibe so … ganz ruhig, ganz still, atme, und bleibe präsent. Widerstehe der Versuchung, irgendetwas tun oder verändern zu wollen. Bleibe einfach da, entspanne dich, und atme. Beobachte nur.

* Nach ca. zehn Minuten kannst du einfach in das Tagesbewusstsein zurückkehren.

WIRLICH zu vertrauen heißt, loszulassen, ohne zu wissen, wann, wie oder warum etwas passieren wird. Diese hohe Kunst bedarf stetiger Übung. Oft meinen wir, schon losgelassen zu haben, aber insgeheim halten wir an unseren Vorstellungen darüber, wie es kommen sollte, was dann doch das Richtige sei und was wir keinesfalls wollen, fest. Diese Vorstellungen enthalten immer Urteile.

Das Loslassen der Kontrolle beginnt immer damit, das, was ist, anzunehmen. Das heißt auch, nichts zu verurteilen – weder uns selbst noch andere. Egal, was wir oder andere in der Vergangenheit getan haben, JETZT ist der Moment, in dem wir SIND, und da, wo wir sind, ist es genau richtig. Alle Gedankenschleifen bringen uns nicht weiter.

Ein konkretes persönliches Beispiel dazu: Anfang Dezember 2012 hatte ich plötzlich Schmerzen in der rechten Schulter. Ich dachte mir anfangs nichts dabei. Als die Schmerzen jedoch heftiger wurden, suchte ich einen Osteopathen auf. Ich war mir sicher, dass er die Sache schnell wieder in den Griff bekommen würde. So war es schließlich auch vor einigen Jahren gewesen, als ich nach einem schlimmen Sturz auf meine rechte Schulter nach wenigen osteopathischen Sitzungen wieder völlig beschwerdefrei war, und das obwohl ich den Arm kaum mehr hatte heben können. Die folgenden Monate sollten mir wichtige Erkenntnisse bringen, denn mein anfänglicher Optimismus wurde nach und nach getrübt. Zum einen wollte der Osteopath stets sechs bis acht Wochen zwischen den einzelnen Sitzungen verstreichen lassen. Sechs bis acht Wochen! Da wäre mein Problem eh schon längst wieder gelöst, dachte ich. Aber das Gegenteil war der Fall: Die Schmerzen wurden immer schlimmer, und meine Schulter versteifte sich langsam aber sicher. Egal, was ich auch unternahm, entweder brachte es gar nichts,

oder es half nur kurz. Ich wollte unbedingt etwas dagegen unternehmen. Auf dieser Reise in die Heilung habe ich viel gelernt, vor allem über mich selbst, darüber, wie sehr ich die Kontrolle haben möchte und wie ungeduldig ich oftmals bin. Irgendwann gab ich den Kampf auf und nahm es einfach an, dass ich meinen Arm kaum bewegen konnte. Ich hörte auf, auch nur irgendetwas dagegen zu tun. Bald darauf erkannte ich, dass in meinem Arm das Thema »Kontrolle behalten« steckte, sprich sich manifestiert hatte, und ich in einigen wichtigen Bereichen meines Lebens einfach loslassen durfte. Das war der Wendepunkt. Die Heilung begann, und es wurde von selbst immer besser. Irgendwann habe ich dann noch eine wunderbare energetische Behandlung bekommen, die dann auch anschlug und einen weiteren großen Heilungsschub bewirkte. Bald war die Schulter wieder frei.

Ich konnte im Laufe meiner Heilung sehr eindrücklich erkennen, wie stark die Wirkung war, wenn ich den Dingen, die mich vorher fast wahnsinnig gemacht hatten, einfach ihren Lauf ließ. Viele Probleme im Leben lösen sich ganz von selbst, nicht selten ergeben sich sogar bessere Lösungen, wenn wir dem Problem aus dem Weg gehen, und manchmal stellt sich heraus, dass es dann gar nicht so schlimm ist, wie wir befürchtet hatten.

Vielleicht fällt zurzeit in deinem Leben alles Mögliche weg (Freundschaften, Sicherheiten, Jobs, Unterstützung etc.), vielleicht geschieht es eher sanft, vielleicht ist es auch sehr schmerzhaft, je nachdem wie stark du daran festhalten willst. Alle Lebensbereiche sind betroffen, innen wie außen. Vieles, was uns lange (scheinbare) Sicherheit gegeben hat, trägt uns in der neuen Energie nicht mehr, funktioniert nicht mehr, läuft nicht. Wir fühlen uns HALT-LOS. Es ist eine Reise, manchmal auch ein Fall ins Ungewisse. Nur wenn wir jetzt die Kontrolle loslassen und Halt im Vertrauen auf das Göttliche finden können, sind wir wirklich sicher. Sicherheit im Nichtsichtbaren, im Ewigen, in dem »Hinter der Materie«, nicht in den vordergründigen Erscheinungen, die vergänglich sind. Das große Mysterium führt uns, wir dürfen uns seiner Führung hingeben. Zu Hingabe und Loslassen gehört auch Demut. Dieser Begriff löst in vielen Menschen sehr gemischte Gefühle aus, deshalb möchte ich erklären, was ich unter Demut verstehe.

Was ist Demut?

Vielleicht beginne ich erst einmal damit, was Demut NICHT ist. Demut meint nicht, zu allem Ja und Amen zu sagen. Vor Kurzem erzählte mir eine Frau, dass in ihrer Kindheit Klassenkameraden vom Pfarrer blutig geschlagen wurden, wenn sie am Sonntag nicht in der Kirche gewesen waren. Das ist der Grund, warum viele Menschen so negative Assoziationen zum Begriff Demut haben: Sie verbinden damit Unterdrückung, Bevormundung und Strafe. Demut ist jedoch kein blinder Gehorsam! In Demut steckt das Wort MUT.

Demut ist:

- der Mut, unsere Göttlichkeit anzunehmen

- zu erkennen, dass das Mysterium des Lebens viel
  größer ist als wir selbst und weit über unsere Vorstel-
  lungskraft hinausgeht

- zu wissen, dass das Mysterium des Lebens, die göttliche Urkraft, in jeder Erscheinung steckt

- das Leben anzunehmen, alles Lebendige zu ehren und
  zu achten

- bei Entscheidungen zu überlegen: Dient es nur meinem Vorteil oder dem großen Ganzen? Schadet meine Entscheidung jemandem (Menschen, Tieren, der
  Natur …)?

- sich dem göttlichen Willen zu unterstellen und dem
  Mysterium des Lebens zu vertrauen

- sich zu verneigen und alles zu segnen

- den Mut zu haben, Nein zu sagen, wenn etwas gegen
  universelle Grundwerte wie Liebe, Frieden, Freiheit,
  Menschenwürde etc. verstößt

- neue Wege zu gehen, die andere vielleicht nicht gut-
  heißen, aber zu denen unser eigenes Herz JA sagt

- der Mut zur eigenen Göttlichkeit und die Göttlichkeit im anderen zu erkennen (auch in den »unliebsamen« Mitmenschen)

- der Mut, sich auch seine Schattenseiten anzuschauen, aber anstatt sich zu verurteilen, sich anzunehmen und sein Verhalten zu korrigieren

- liebevoll auf das Leben und sich selbst zu schauen

- Werten und Tugenden zu folgen, statt dem schnellen Erfolg

- aufmerksam und bewusst zu sein

Spürst du jetzt, warum das Annehmen den Königsweg darstellt? Wenn du immer und jederzeit ALLES annehmen kannst, bist du frei, erwacht, erleuchtet. So einfach ist es im Grunde …

Auch dem hellen Ego Lebewohl sagen

In einem späteren Stadium des Erwachens kommt der Punkt, wo wir uns auch unser helles Ego anschauen dürfen. Unser wahres Sein ist reine Liebe, Licht, es ist formlos und im Grunde unmöglich mit Worten zu beschreiben. Hier auf der Erde identifizieren wir uns mit Rollen, Masken und falschen Selbstbildern. Das helle Ego besteht aus Eigenschaften, Rollen und Gefühlen, die allgemein als positiv bewertet werden wie Erfolg, Schönheit, Status, eine gute Mutter/ein guter Vater sein, eine gute Tochter/ein guter Sohn sein, etwas im Beruf leisten, Anerkennung von außen, glücklich sein etc. Dennoch bleiben es auch Identifikationen. Das höchste Ziel hier auf Erden ist, das Gottes-Selbst zu verwirklichen, das meint, eins zu werden mit dem reinen Bewusstsein, das keine Trennung kennt und völlig unabhängig von menschlichen Rollen und Bewertungen ist. Durch diese Verwirklichung des höchsten Selbst verlieren wir jegliche Individualität und gehen auf im reinen, göttlichen Sein.

Wenn wir in dieses Stadium eintreten, passiert Folgendes: Wir verlieren komplett das Interesse an den normalen, weltlichen Dingen wie Job, Geld, Familiengründung, Bildung, Besitz, Politik etc. Plötzlich hast du keine Lust mehr, über die letzte Steuererhöhung oder den Verfall des Euros zu diskutieren. Wir werden »weltfremd« und »ent-

rückt«.»Komm mal wieder auf den Boden der Tatsachen zurück!«oder gar»Bist du noch normal? Du gehörst ja in die Klapse!«, bekommen wir dann von unseren lieben Mitmenschen zu hören. Wir stellen nun alle möglichen Rollen und Selbstbildnisse infrage. Nach und nach erfahren und spüren wir:»Ich bin nicht mein Job, meine Möbel, meine Kontakte, mein Status, mein Auto, mein Konto, die Vaterrolle, …« Die herkömmlichen»Schablonen« passen für unser Leben nicht mehr. Es folgen Phasen der Leere und Sinnlosigkeit:»Was soll das alles?« Dinge, die uns früher Spaß gemacht haben, wirken jetzt schal und leer. Oft ziehen wir uns zurück, haben keine Lust auf Kino, Partys oder andere soziale Events. Dafür sind wir gerne alleine, meditieren, ziehen uns zurück in die Einsamkeit oder in die Stille der Natur. Trotzdem sind diese Phasen nicht nur angenehm, denn die Leere und die Sinnlosigkeit stellen eine Herausforderung dar. Viele Menschen werden jetzt auch sehr empfindsam und empfindlich, was Geräusche, Energien, visuelle Eindrücke oder Gerüche anbelangt. Freunde und Dinge, die uns jahrelang wichtig waren, verabschieden sich. Partnerschaften lösen sich auf, wir verlieren vielleicht sogar unseren Job, Menschen verschwinden aus unserem Leben genau wie vieles andere, an dem wir uns festgehalten haben. Das alles ist genau richtig so und gehört zum Prozess, nur stellen sich viele Menschen hier selbst infrage:»Bin ich noch normal, stimmt alles mit mir, oder bin ich vielleicht doch komisch?« Nach und nach fallen alle Sicherheiten weg, alles, was uns Halt und Stütze gegeben hat, funktioniert nicht mehr. Jetzt hilft nur tiefes Vertrauen weiter. Vertrauen darauf, dass nach der Leere mehr von deiner wahren Essenz hervorkommt, das reine Sein. Nimm es gelassen hin, dass für dich vieles (vielleicht auch alles) an Wert verliert. Eine Bindung nach der anderen wird gelöst werden, damit wir die Anhaftungen verlieren und frei werden für unser wahres Wesen.

Was hilft jetzt konkret?

- Übe dich in Vertrauen, Geduld, Gelassenheit und Hingabe.

- Meditiere.

- Gehe in die Stille, sooft es geht.

- Verbringe so viel Zeit wie möglich in der Natur.

- Vertraue, dass das Loslassen auf allen Ebenen einen Sinn hat, denn eine tiefe Reinigung findet statt.

- Akzeptiere Phasen von Einsamkeit, in denen dich niemand mehr versteht.

- Verbringe Zeit an Kraftorten.

In meiner langen Praxistätigkeit sind mir immer wieder Menschen begegnet, die zu früh in diese zweite Phase (das helle Ego erlösen) eintreten wollten. Was meine ich damit genau? Nun, es gibt natürlich einen Unterschied

zwischen Verdrängen (von Gefühlen und Wahrnehmungen) und Ausweichen und dem wirklichem »Frei sein von Verhaftung«, denn für Letzteres muss unser Bewusstsein in der Tiefe von traumatischen Erfahrungen, Verletzungen, Ängsten, Trauer und gespeicherten Schmerzen und Blockaden gereinigt bzw. erlöst sein. Manche suchen Zuflucht in spirituellen Erlebnissen, ohne den »Bodensatz« beseitigt zu haben. Das funktioniert nicht, denn die starke magnetische Wirkung von gespeicherten Altlasten lässt sich nicht einfach ignorieren. Diese holen einen immer wieder ein, und man wird aus den spirituellen Höhen runter zu den noch vorhandenen »Schlacken« gebracht. Der Weg ins Licht führt dich erst durch deine dunklen Schatten hindurch. Da gibt es keine Abkürzung, wobei sich der Prozess jedoch heute in der neuen Energie unglaublich schnell vollzieht! Dies hat mit dem Wirken der göttlichen Gnade zu tun, die in einer Sekunde alles Karma, alle Unbewusstheit von uns nehmen, uns sozusagen ein »Instant-Erwachen« bescheren könnte. Das wäre wohl aber dann doch zu verwirrend für uns, sodass der Prozess trotz der allgemeinen Schwingungserhöhung in der Regel doch seine Zeit braucht. Wenn du dich diesem Weg des Erwachens von Herzen verpflichtest, dann trägst du zu einer erleuchteten Erde bei!

Vision für eine erleuchtete Erde

Für eine erleuchtete Erde braucht es erwachte Menschen, denn die Natur und die Tierwelt sind bereits erleuchtet, sind im Sein, eins mit dem Fluss des Göttlichen. Störend wirken bislang nur die Menschen mit ihrem Drang, zu zerstören, aufzuteilen, zu besitzen und sich gegenseitig zu bekämpfen. Das neue Bewusstsein breitet sich aus und nimmt immer mehr Raum ein im großen Ganzen.

Das zeichnet die erleuchtete Erde aus:

- Die Menschen schätzen und achten alles Lebendige und gehen verantwortungsvoll mit Ressourcen um. Wertschätzung und Achtung im Umgang mit ALLEM zeichnet die Menschheit aus.

- Zusammenarbeit, Kooperation und Friedfertigkeit sind die Grundsätze im Zusammenleben.

- Jeder Mensch ist sich der Wirkung seiner Gedanken, Taten und Worte bewusst.

- Jeder lebt gemäß seinen Fähigkeiten, übt das aus, was er gut kann, und dient damit dem Wohle des großen Ganzen.

- Die Menschen leben nach den Werten Liebe, Vertrauen, Geduld, Weisheit, Frohsinn, Fülle, Wahrhaftigkeit und Hingabe – und zwar im Sein, im Hier und Jetzt.

- Es herrscht Frieden auf der Erde, alle Waffen wurden niedergelegt.

Du wendest ein:»Ja, liebe Awen, alles schön und gut, aber wirklich viel zu utopisch!« Egal, wie es gerade aussehen mag, ich höre nicht auf, mir FRIEDEN auf der Erde zu wünschen, zu ersehnen, ihn zu sehen, zu fühlen und wahrzunehmen! Erinnere dich: Alles im Außen spiegelt nur unseren eigenen Bewusstseinszustand. Das heißt, wir sind auch für den kollektiven Wahnsinn wie die Zerstörung der Umwelt, Kriege und Gewalt mitverantwortlich, aber wir können uns ändern – und zwar jetzt sofort! Es muss nur die »kritische Masse« erreicht werden – es heißt, dass nur fünf bis zehn Prozent einer Gruppe ein neues Bewusstsein etabliert haben müssen, um einen Paradigmenwechsel für die gesamte Gruppe herbeizuführen –, der Bewusstseinssprung hat eh schon stattgefunden, jetzt breitet sich diese Schwingung aus. Je mehr Menschen das neue Bewusstsein leben, desto sicherer werden wir Frieden auf der Erde erleben. Der Frieden beginnt bei jedem Einzelnen von uns, bei dir, in deinem Herzen, in deinem Denken, in deinem Sein. Je mehr Menschen sich auf die Frequenz dieser erleuchteten Erde einstellen, desto freier, bewusster, offener, liebevoller und friedfertiger werden alle Menschen. Jeder Gedanke, jedes Wort, jede Tat hat eine Wirkung auf das große Ganze. DU bist wichtig dabei!

**Mögen alle Wesen in allen Welten glücklich sein
und frei von Leid!**

May all beings in all the worlds be happy!

Lokah samasta sukhino bhavantu!

DANKE!

Von Herzen gilt mein tiefer Dank der göttlichen Urkraft, deren Ausdruck ich bin, ebenso wie alles andere auf der Welt. Danke für dieses göttliche Spiel, es macht so viel Freude. Ich danke den göttlichen Qualitäten, zu denen ich Zugang habe durch die Engel, Erzengel, Elohim, Seraphim, durch Jesus, Buddha, die erwachten Meister aller Traditionen, die göttliche Mutter und viele mehr. Kanal für diese liebevollen Qualitäten sein zu dürfen, ist das größte Geschenk.

Bedanken möchte ich mich auch bei den Meistern, die mich 2013 gefunden haben: Mutter Meera, Amma, Ramana Maharshi, Mooji, Papaji, Swami Sivananda. Ihr zeigt mir und lehrt mich die bedingungslose Liebe, die Hingabe, das Dienen, das wahre Selbst. Auch zeigt ihr uns Menschen, dass der wahre Meister in unserem Inneren verweilt und dort schon immer zugegen war. Danke für die Vermittlung der ewigen Wahrheit.

Meine irdische Familie: Ihr seid mein kritischster Spiegel und mein größtes Support-Team zugleich. Danke für euer Sein und dass wir die irdische Reise zusammen unternehmen. Liebe Ma, tausend Dank für deine tatkräftige Hilfe in vielen Belangen. Cordula, du bist die Perle im tosenden Ozean des Alltäglichen, immer bereit, immer im Einsatz und absolut verlässlich. Danke.

Inspiriert und unterrichtet wurde ich von vielen Menschen, die ich im Lauf der Jahre getroffen habe: Lehrer, Freunde, Bekannte, Klienten, Schüler, Kursteilnehmer, Kollegen ... die Liste ist lang. Ich bin euch allen zu tiefsten Dank verpflichtet, denn jeder von euch hat mich etwas Wichtiges gelehrt. Danke. Ich verneige mich vor euch in Liebe und Demut. Für den intensiven Austausch in den letzten Wochen über Themen dieses Buches danke ich von Herzen Nicole W., Katrin H. und Steffi H.

Begleitet hat mich in den Monaten des Schreibens besonders das Bhakti Yoga, auch viele Sänger/-innen haben mich tagein tagaus mit ihrer Musik unterstützt und mein Herz weiter geöffnet. Von Herzen danke an Janin Devi und Kai, was ihr beide in die Welt bringt, ist unbeschreiblich (www.janindevi.com). Ebenso danke an Deva Premal und Miten, Krishna Das, Lulu und Mischka, Eternal Now und Shantala, eure Mantrengesänge haben mich getragen, getröstet, inspiriert, meine Hingabe gestärkt und mich tief in mein Herz hineinfallen lassen.

Ein großes Danke auch an Yoga Vidya in Bad Meinberg. Das Buch ist zum Großteil dort entstanden, wo ich gut aufgehoben im Haus Shanti sowohl Ruhe und Inspiration als auch die spirituelle Energie fand, die nötig war, um mich dem Prozess voll hingeben zu können. Für mich ist das Haus Shanti wirklich eine Oase des Friedens (www.yoga-vidya.de, www.yoga-vidya.de/seminarhaus-shanti.html).

Ich fühle eine starke energetische Verbindung zum Friedensauftrag, der von Swami Vishnudevananda und Yoga

Vidya aus in die Welt hinausgeht. Wie bereits Franz von Assisi sagte: »Herr, lass mich ein Werkzeug deines Friedens sein.«

Om shanti! Möge Frieden auf der Erde herrschen!

Literaturempfehlungen

Awen Lucia: »Die Elohim. Engel ohne Grenzen«, Schirner Verlag 2013

Awen Lucia: »Der himmlische Code zur Lebens-Erfüllung«, Awen Lucia Verlag 2012

Eckhard Tolle: »Jetzt! Die Kraft der Gegenwart«, J. Kamphausen Verlag 2013

Christa Kössner: »Schlüssel zum Glücklich-Sein. Das Spiegelgesetz«, Ennsthaler Verlag 2009

Jeff Foster: »The Deepest Acceptance: Radical Awakening in Ordinary Life«, Sounds true Verlag 2012

Anita Moorjani: »Heilung im Licht«, Arkana Verlag 2012

Eben Alexander: »Blick in die Ewigkeit«, Ansata Verlag 2013

Thea Wachtendorf: »Spiegelgesetz in allen Lebenslagen«, Schirner Verlag 2013

Rüdiger Dahlke: »Peace Food«, Gräfe und Unzer Verlag 2011

Rüdiger Dahlke: »Das Schatten-Prinzip«, Arkana Verlag 2010

Byron Katie: »Lieben was ist. Wie vier Fragen Ihr Leben verändern können«, Goldmann Verlag 2002

Chuck Spezzano: »Karten der Seele«, Königsfurt-Urania Verlag 2008

Chuck Spezzano: »Karten des Lebens«, Via Nova Verlag 2008

Chuck Spezzano: »Karten der Partnerschaft«, Via Nova Verlag 2008

Bert Hellinger: »Anerkennen was ist«, Arkana TB Verlag 2006

Über die Autorin

A wen Lucia ist von Kindesbeinen an auf der Suche nach Wahrheit, Sinn und der Essenz. »Warum bin ich hier?«, fragte sie sich schon in jungen Jahren. Obwohl sie in einer spirituellen Familie aufwuchs, gab es dort auch jede Menge Dunkles und Verstrickungen aller Art, die sie lehrten, aus dem Dunkel ins Licht zu gehen. Mit 14 Jahren begann sie, zu meditieren und spirituelle Literatur zu lesen.

Im Alter von 23 Jahren erkannte Awen ihre Berufung zum Heilen. Sie besuchte unzählige Ausbildungen, Kurse und Seminare. Seit ihrem 28. Lebensjahr praktiziert Awen in eigener Praxis, leitet Kurse und Ausbildungen. Sowohl

die göttlichen, universellen Qualitäten in Form der Engel, Erzengel, Elohim und Seraphim begleiten ihre Arbeit, als auch die göttliche Mutter, Jesus und die Urkraft-Essenz. Ihr tiefster Herzenswunsch ist es, dass alle fühlenden Wesen glücklich und frei von Leid sein mögen. Awen ist sowohl innig verbunden mit Lourdes und der göttlichen Mutter in allen Erscheinungsformen als auch mit vielen indischen Meistern der Advaita-Lehre.

Seit 2013 spürt Awen eine deutliche Veränderung in ihrem Sein: Die Suche ist zu Ende. Sie ist angekommen – in der Tiefe ihres Herzens, im Sein, in der Hingabe an das Leben. Ihre Mission heißt Frieden. Ihr innigster Wunsch lautet: Mögen alle Wesen in allen Welten glücklich und frei von Leid sein!

Lokah samasta sukhino bhavantu!

Bildnachweis

Aufzählungspunkte:
shutterstock_52204294 (@ Telnov Oleksii)

Textrahmen auf S. 14, 42, 72, 78, 83, 86, 91, 93:
shutterstock_77191780 (Virinaflora)

Schmetterlinge auf S. 6, 14, 36, 42, 72, 73, 83, 86, 91, 93, 102, 110, 141:
shutterstock_52204294 (@ Telnov Oleksii)
shutterstock_51373456 (@ Telnov Oleksii)

Ornamente auf S. 11–27, S. 58–73, S. 87–102, S. 145–146:
shutterstock_52204294 (@ Telnov Oleksii)

Ornamente auf S. 7–10, S. 37–57, S. 81–85, S. 111–134, S. 141–144:
shutterstock_51373456 (@ Telnov Oleksii)

Ornamente auf S. 28–36, S. 74–80, S. 103–110, S. 135–140:
shutterstock_73668091 (@ Telnov Oleksii)

Ornamente auf S. 149:
shutterstock_57000518 (@ Telnov Oleksii)

Von der Autorin erschien ebenfalls im  Schirner Verlag

Awen Lucia
Die Elohim
Engel ohne Grenzen

ISBN: 978-3-8434-5073-7
96 Seiten

Die Elohim, das sind keine magischen Wesen, sondern Energieformen und erweiterte Teile unserer selbst. Die Autorin Awen Lucia zeigt leicht verständlich mehrere Varianten auf, wie man sich für die Begegnung mit diesen Engeln öffnen kann. Mit ein wenig Übung erschafft man schnell eine »Standleitung« zu den Elohim und lernt durch den Dialog mit ihnen, sein inneres Wesen zu aktivieren.

Dieses Büchlein widmet sich allen zwölf Elohim mit ihren jeweiligen Themen, Erklärungen und begleitenden Übungen und dient somit als praktisches Nachschlagewerk und Anleitungsbuch.

Außerden erschienen im  Schirner Verlag

Nathalie Schmidt
Seelen-Energie
Von der der Sprache deiner Seele – über ihr geheimes Wissen – bis hin zu deinem Seelenweg

ISBN: 978-3-8434-1132-5
272 Seiten

Wenn wir auf der Suche sind nach unserem Selbst, dann sind wir auf der Suche nach unserer Seele, nach unserer Seelenenergie. Denn wir sind nicht einfach nur Körper, wir sind vor allem eins: Seelen. Göttliche, vollkommene, ewig lebende Seelen.

Doch es ist nicht immer einfach, auf die eigene Stimme, die Stimme der Seele zu hören. »Seelenenergie« unterstützt Sie dabei, die Anforderungen Ihrer Seele zu erkennen und sie wahrhaftig zu verstehen. Viele Übungen zeigen, wie Sie dieses Wissen praktisch anwenden und dadurch Ihrem ganz eigenen Seelenweg folgen können.

Lassen Sie sich auf diese Erfahrungen ein, und Sie werden ganz im Einklang mit Ihrer Seele leben. Sie werden schweben in Energie, sich frei und losgelöst fühlen und innerlich strahlen.